Russisch lernen

Mit diesem Buch schnell und einfach die russische Sprache lernen

Anton Smirnow

Copyright © 2020 Daniel S.

Alle Rechte vorbehalten.

INHALT

1	Vorwort	5
2	Tipps für deinen Weg zum besseren Russisch	8
3	Das Alphabet	13
4	Aussprache	20
5	Grammatik	24
6	Die Uhrzeit	67
7	Vokabeln für eine Reise	69
8	Vokabeln für die Kurzgeschichte	99
9	Kurzgeschichte Russisch	107
10	Kurzgeschichte Deutsch	135
11	Impressum	159
12	Haftungsausschluss	160

VORWORT

In diesem Buch lernst du, wie du die russische Sprache erlernen, beziehungsweise deine Russisch-Skills ohne großen Aufwand deutlich verbessern kannst. Durch die Tipps und gezielten Lernübungen in diesem Buch wirst du nicht nur deine bereits vorhandenen Sprachfähigkeiten erweitern können, auch deine Fähigkeit im allgemeinen Sprachen zu erlernen wird sich verbessern. Wenn du Russisch lernen möchtest, ist eine autodidaktische Herangehensweise besonders vielversprechend. Dies bedeutet, dass du dir Sprachwissen durch verschiedene Medien wie Bücher, Videos, Lektüren oder ähnlichem aneignest. Da Russisch eine weitverbreitete Sprache ist, kannst du dir alle Informationen, welche du im Internet recherchierst genauso gut auf Russisch besorgen. Außerdem sind viele Lieder in der russischen Sprache aufgenommen.

Dieses Buch zeigt dir, wie du spielerisch Russisch lernst, indem du verschiedene Lernmethoden in deinen Alltag einbaust. Darüber hinaus zeigt es dir die grundlegenden Regeln der Grammatik, die wichtigsten Vokabeln und die Zeitformen. Um ein Gefühl für die russische Aussprache zu bekommen, gehören zu diesem Buch noch einige Audio-Dateien. In diesen Dateien werden Beispiele, Vokabeln und die Kurzgeschichte aus diesem Buch vorgelesen. Sie befinden sich in einem Google Drive Ordner, wel-

chen du unter diesem Link erreichst: **https://bit.ly/2UbBGhf**
Den Link kannst du einfach oben in die URL-Zeile deines Internetbrowsers eintippen. Falls du Probleme mit dem Link oder den Audio-Dateien haben solltest, schreibe uns eine E-Mail an:
d-stopfer@web.de

Dieses Buch erhebt nicht den Anspruch, einen kostspieligen Russischkurs zu ersetzen, jedoch kannst du auch mit diesem Buch und den dazugehörigen Hördateien die russische Sprache erlernen. Hattest du Russisch mal in der Schule und hast mittlerweile einen Großteil deiner Sprachkenntnisse verloren? Benötigst du die russische Sprache für die Arbeit oder deinen nächsten Urlaub? Auch in diesen Fällen ist dieses Buch bestens für dich geeignet.

Wie kannst du ohne einen Aufenthalt in Russland die russische Sprache erlernen? Das Wichtigste dabei ist, die Sprache so oft wie möglich in einem natürlichen und ganz individuellen Kontext zu verwenden. Du musst Russisch in dein alltägliches Leben einbinden. Wichtig ist, die Sprache täglich anzuwenden. Entscheidend ist die Fremdsprache zu personalisieren und zu naturalisieren.

Dafür solltest du Russisch in deinem Alltag immer und überall benutzen. Versuche regelmäßig deine Gedanken auf russisch zu bilden und mit Personen aus anderen Ländern Emailkorrespondenz zu führen. Auch solltest du dir angewöhnen, russische Musik zu hören. Das soll jedoch auf keinen Fall heißen, dass das Lesen von Texten dir nicht beim

Erlernen der Sprache hilft. Um deine Motivation nicht zu schwächen, sollten die Texte jedoch von einem spannenden Thema handeln. Wie kannst du das alles umsetzen und welche Methoden und Gewohnheiten solltest du in deinen Alltag integrieren, um die russische Sprache am schnellsten und besten zu lernen?

Die Antwort auf diese Frage findest du im folgenden Kapitel. Lass uns direkt anfangen!

TIPPS FÜR DEINEN WEG ZUM BESSEREN RUSSISCH

1. Klare Ziele setzen

Zuerst solltest du dir klar machen, zu welchem Zweck du Russisch lernen möchtest. Welches Sprachlevel willst du erreichen und wie lange gibst du dir dafür Zeit?

Du musst dir klare, kleinere Ziele setzen, damit du erfolgreich sein und diese Ziele dann auch erreichen kannst. So kannst du Frustrationen vermeiden, denn du wirst merken, dass du immer wieder Fortschritte machst und deine kleinen Etappenziele schnell erreichen kannst. Ein Ziel könnte zum Beispiel sein, dass du jeden Tag 20 Minuten lernst. Denn erwiesenermaßen ist ein tägliches kleines Training besser als ein großer Lerntag in der Woche. Außerdem solltest du dir klar machen, was du in diesen 20 Minuten lernen möchtest. Das Erreichen dieser kleinen Ziele wird dich motivieren, immer wieder weiterzumachen.

Allerdings solltest du dir auch klare Langzeitziele setzen. Hast du vielleicht für nächstes Jahr eine Reise nach Russland geplant und du möchtest dir dort problemlos Essen bestellen und Small Talk führen können? Mache dir klar wie gut dein Sprachniveau sein soll!

2. Sprich Russisch so oft wie möglich

Denke nicht: „Wann soll ich denn bitte Russisch sprechen, ich wohne ja nicht in Russland!" Du kannst diese Fremdsprache öfter nutzen als du glaubst. Mit wem solltest du Russisch sprechen? Wenn du Freunde hast, die die russische Sprache beherrschen, sprich sie doch einfach mal auf Russisch an. Die meisten werden dir auf Russisch antworten. So kannst du einen Dialog entstehen lassen. Ideal wäre es natürlich, wenn du regelmäßig Kontakt mit einem echten „Muttersprachler", also einem Russen aufnimmst und mit ihm russisch sprichst. Oder du fragst sie einfach direkt ob sie Lust hätten die nächsten Tage mal nur Russisch mit dir zu sprechen, weil du dabei bist die Sprache zu erlernen und Erfahrung sammeln möchtest.

Du benötigst nicht unbedingt eine andere Person, um Russisch sprechen zu können. Du kannst einfach deine spontanen Gedanken laut aussprechen. Das könnte für dich zunächst ein wenig komisch klingen, jedoch wirst du dich schnell daran gewöhnen. Wenn dir zum Beispiel die Dokumentation, die du gerade schaust gefällt, sag das doch einfach mal auf Russisch. Wenn du glücklich bist weil die Sonne scheint, sag es doch einfach mal auf Russisch.

Wenn dir die blaue Jeans der Person in deiner Nähe gefällt, sag es doch einfach mal auf Russisch. Präge dir dein Gesprochenes ein und wiederhole es gegebenenfalls. Auf diese Art kannst du auch gut an deiner Aussprache arbeiten. Wenn du dir bezüglich der Aussprache nicht sicher bist, solltest du im

Internet nach der richtigen Aussprache des betreffenden Wortes suchen. Bei dem gedanklichen Kommentieren der momentanen Ereignisse sind dir keine Grenzen gesetzt. Wenn du theatralisch bist, kannst du dir natürlich auch in deinen Gedanken vorstellen, dass du mit einem Gesprächspartner diskutierst. Du musst ihn überzeugen! Natürlich kannst du auch so tun, als wärst du dein eigener Kommentator. Hierzu solltest du einfach deine Taten und Leistungen bewerten bzw. beschreiben. Das machst du natürlich in der dritten Person Singular. Zum Beispiel so:

Er fährt mit seinem Lieblingsauto durch die Stadt, doch was ist das? Die Ampel ist rot! Er kann es nicht fassen!

Die russische Version musst du natürlich noch nicht verstehen, trotzdem solltest du sie mal gesehen haben:
Он водит свою машину по городу, но что это? Светофор красный! Он не может в это поверить!

3. Fange ein Tagebuch an
Ein weiterer Tipp ist, mit einem Tagebuch anzufangen. Natürlich solltest du dieses auf Russisch schreiben. Um den Faden nicht zu verlieren, setze dir direkt am Anfang bestimmte Ziele. Zum Beispiel, dass du täglich mindestens eine Seite schreibst. Das gute an einem Tagebuch ist, dass du entscheidest worüber du schreibst und wie du schreibst.

Nichts muss dir peinlich sein und du kannst einfach deinen Gedanken freien Lauf lassen. Ob du hierbei deinen Computer oder irgendein Heft benutzt, ist natürlich deine Entscheidung. Wenn du ein eher schreibfauler Mensch bist, kannst du dir auch ein Fotoalbum zur Hand nehmen und jeden Tag eines der Bilder beschreiben. Für den Anfang ist jedoch das Tagebuch die bessere Wahl, da du hierbei auch das Schreiben auf russisch lernst und dich so vor allem an die verschiedenen russischen Buchstaben gewöhnen kannst.

4. Lese online

Fast jeder kauft heutzutage online ein. Wonach suchst du bei Amazon, Ebay oder auf den Webseiten der Firmen? Egal was du kaufen möchtest, du hast nichts zu verlieren, wenn du zuerst etwas über das Produkt liest. Am besten auf Russisch natürlich. Besonders einfach ist das auf Seiten wie Amazon, welche international sind. Hier kannst du einfach die Sprache der Webseite auf Russisch umstellen. Andernfalls schaust du dir ein Review auf YouTube an oder liest Artikel über das Produkt. Aber nicht, dass du hierbei in einen Kaufrausch gerätst! Auch sehr empfehlenswert ist das Lesen von Nachrichten und aktuellen Ereignissen. Diese findest du im Internet. Das Lesen der für dich interessantesten Artikel verhindert, dass du das Interesse am Lernen verlierst. Wenn du nicht so gerne liest, kannst du natürlich auch Nachrichten auf YouTube oder anderen Plattformen schauen.

5. Schaue einen Film pro Woche

Es gibt sehr viele interessante Filme, die auch in russischer Sprache erhältlich sind. Wenn du dir alle Filme in deutscher Sprache ansiehst, verpasst du die Chance, während des Filmschauens deine Sprachkenntnisse aufzubessern. Wenn du einen Film auf Russisch schaust, lernst du viele Vokabeln und das freie Sprechen wird dir nach einer gewissen Zeit einfacher fallen. Du wirst außerdem durch das Erleben von gewissen Handlungen und Geschichten auf Russisch, mehr mentale Assoziationen zur Verfügung haben. Diese mentalen Assoziationen werden dir helfen, neue Wörter in bestimmten Zusammenhängen besser zu verstehen. Wenn du die Sprache Russisch noch nicht lange lernst, solltest du bei den Filmen unbedingt den deutschen Untertitel aktivieren. Denn sonst könntest du den Film auch auf Chinesisch o.ä. schauen, der Lerneffekt wäre identisch. Durch den Untertitel hast du bei Verständnisproblemen immer eine sofortige Hilfestellung parat. So kannst du deinen Wortschatz erweitern und ein Gefühl für die Sprache entwickeln. Außerdem wirst du bei dieser Methode automatisch einiges über die Aussprache der einzelnen Wörter erfahren.

DAS ALPHABET

In diesem Kapitel wird dir das russische Alphabet erklärt.

Russisch	**Lateinisch**

а, А a
Aussprache wie in: t**a**nzen

б, Б b
Aussprache wie in: **B**anane

в, В w
Aussprache wie in: **W**asser

г, Г g
Aussprache wie in: **G**estern

д, Д d
Aussprache wie in: **D**ach

е, Е je
Aussprache wie in: **je**tzt

Russisch	**Lateinisch**
ё, Ё Aussprache wie in: **jo**deln	jo
ж, Ж Aussprache wie in: Gara**g**e	sh
з, З Aussprache wie in: Ro**s**e	s
и, И Aussprache wie in: v**i**el	i
й, Й Aussprache wie in: **j**a	j
к, К Aussprache wie in: **K**ummer	k
л, Л Aussprache wie in: **L**uft	l
м, М Aussprache wie in: **M**uskel	m

Russisch	**Lateinisch**
н, Н Aussprache wie in: **n**icht	n
о, О Aussprache wie in: **o**ft	o
п, П Aussprache wie in: **p**arken	p
р, Р Aussprache wie in: **r**ot	r (gerollt)
с, С Aussprache wie in: Rei**s**, Ha**ss**	s, ss
т, Т Aussprache wie in: **T**rommel	t
у, У Aussprache wie in: St**u**hl	u
ф, Ф Aussprache wie in: **F**utter	f

Russisch	Lateinisch
х, Х	ch

Aussprache wie in: Bau**ch**

ц, Ц	z

Aussprache wie in: **Z**ug

ч, Ч	tsch

Aussprache wie in: Qua**tsch**

ш, Ш	sch

Aussprache wie in: **Sch**uhe

щ, Щ	schtsch

Dazu gibt es kein deutsches Wort (Kohlsuppe: Bor**schtsch**)

ъ, Ъ	-

Wird nicht gesprochen; macht vorangehenden Konsonanten hart

ы, Ы	y

Nach harten Konsonanten, wie „i" mit zurückgezogener Zunge; kommt im Deutschen nicht vor.

| Russisch | Lateinisch |

ь, Ь -
Wird nicht gesprochen; macht vorangehenden Konsonanten weich

э, Э e; ä
Aussprache wie in: **Ä**pfel

ю, Ю ju
Aussprache wie in: **Ju**li

я, Я ja
Aussprache wie in: **Ja**kob

Aufgaben zum Alphabet

Wähle den zugehörigen Buchstaben aus!

1. Lateinisch: e
a) Russisch: э
b) Russisch: ч

2. Lateinisch: z
a) Russisch: ц
b) Russisch: ш

3. Lateinisch: f
a) Russisch: ж
b) Russisch: ф

4. Lateinisch: ju
a) Russisch: ю
b) Russisch: щ

5. Lateinisch: b
a) Russisch: п
b) Russisch: б

Hier findest du die korrekten Antworten:

1. Lateinisch: e
a) Russisch: э

2. Lateinisch: z
a) Russisch: ц

3. Lateinisch: f
b) Russisch: ф

4. Lateinisch: ju
a) Russisch: ю

5. Lateinisch: b
a) Russisch: б

AUSSPRACHE

Im russischen Alphabet gibt es 33 Buchstaben: zehn Vokale (а, е, ё, и, о, у, ы, э, ю, я), 21 Konsonanten (б, в, г, д, ж, з, й, к, л, м, н, п, р, с, т, ф, х, ц, ч, ш, щ) und zwei zusätzliche Buchstaben - Härtezeichen ъ und Weichheitszeichen ь.

Der weiche Klang der russischen Sprache entsteht dadurch, dass die Sprechorgane beim Sprechen sehr locker sind und die Lippen sich nicht so intensiv bewegen wie im Deutschen. Typisch ist ebenfalls, dass die Laute im hinteren Mundbereich gebildet werden, so klingt das russische [a] viel dunkler und tiefer als das deutsche [a].

Bei der Aussprache muss man Folgendes beachten:

Vokale
- Es gibt im Russischen eigentliche Vokale und jotierte Vokale е, ё, ю, я, die im Anlaut mit j ausgesprochen werden: [je], [jo], [ju], [ja]. In der Position nach einem Konsonanten verschwindet [j], ausgesprochen werden nur jeweils [e], [o], [u], [a], dafür wird dieser voranstehende Konsonant weich. Beispiele:

Jotierte Aussprache	**Nicht jotierte Aussprache**
еда (Essen)	беда (Not)
ёж (Igel)	берёшь (nimmst)
юбка (Rock)	шлюпка (Boot)
ямка (Grübchen)	лямка (Tragriemen)

- ы wird ähnlich wie ein deutsches ü ausgesprochen, man darf aber die Lippen dabei nicht vorstülpen. Beispiele: **ты** (du), **музыка** (Musik), **быстро** (schnell).
- ё ist immer betont. Beispiele: **идёшь** (gehst), **ёлка** (Tanne).
- Wenn die Vokale **о** und **е** nicht betont sind, werden sie reduziert und **о** wird wie [а], **е** wie [и] ausgesprochen. Beispiele:
  о → [а]: **Москва** (Moskau), **пока** (tschüss).
  е → [и]: **адрес** (Anschrift), **Нева** (Newa).

Konsonanten

- ж wird wie das g im Wort „Etage" ausgesprochen. Beispiele: **жизнь** (Leben), **важно** (wichtig).
- з ist immer stimmhaft wie im deutschen Wort „Sonne" und darf mit dem stimmlosen с nicht verwechselt werden. Beispiele: **зуд** (Juckreiz) – **суд** (Gericht), **коза** (Ziege) – **коса** (Zopf).
- й ähnelt dem deutschen j im Wort „ja". Beispiele: **йогурт** (Joghurt), **мой** (mein).
- л wird vor den Buchstaben а, о, у, ы hart ausgesprochen. Beispiele: **лампа** (Lampe), **ложка** (Löffel), **лужа** (Pfütze), **шашлык** (Schaschlik).
- Vor den Buchstaben е, ё, и, ю, я wird es ähnlich wie im Deutschen weich ausgesprochen: **билет** (Ticket), **самолёт** (Flugzeug),

улица (Straße), любовь (Liebe), клякса (Kleks).
- р wird immer mit der Vorderzunge gebildet. Es ist sehr intensiv und wird nie reduziert.
- Beispiele: вор (Dieb), привет (hallo), радио (Radio).
- х ist hart und deutlich hörbar, entspricht dem deutschen ch wie im Wort „machen". Beispiele: халат (Bademantel), мех (Pelz).
- ч ist sehr weich. Beispiele: чемпионат (Meisterschaft), мяч (Ball).
- щ ist nichts anderes als ein weiches ш (sch) und wird durch „schtsch" transliteriert. Beispiele: вещь (Sache), щенок (Welpe).
- Genau wie im Deutschen werden die stimmhaf-ten б, в, г, д, ж, з im Wortauslaut stimmlos.

Beispiele:

б → [п]: зуб (Zahn)
в → [ф]: Чехов (Tschechow)
г → [к]: снег (Schnee)
д → [т]: сад (Garten)
з → [с]: мороз (Frost)
ж → [ш]: багаж (Gepäck)

Hartes (ъ) und weiches (ь) Zeichen:

- ъ schreibt man nach den Präfixen vor den Vokalen е, ё, ю, я und es bedeutet, dass der nachfolgende Vokal jotiert ausgesprochen

werden muss. Beispiele: **объезд** (Umleitung), **съёмка** (Aufnahme), **объявление** (Inserat).
- **ь** bedeutet, dass der vorstehende Laut weich ist. Es darf beim Aussprechen nicht ignoriert werden. Beispiele: **жесть** (Blech) – **жест** (Geste), **кровь** (Blut) – **кров** (Obdach).

Buchstabenkombinationen:

- **сч** liest man [щ]. Beispiele: **счастье** (Glück), **счёт** (Rechnung).
- **-тся** im Auslaut liest man [ца]. Beispiele: **смеются** (sie lachen), **ка́жется** (es scheint).
- **гк** liest man [хк], **гч** [хч]. Beispiele: **лёгкий** (leicht), **мягче** (weicher).
- **чн** spricht man bei wenigen Ausnahmewörtern wie [шн] und **чт** in Fragewörtern wie [шт] aus. Beispiele: **конечно** (natürlich), **яичница** (Spiegelei), **что** (was), **чтобы** (damit, um … zu).
- Beim Aussprechen der Konsonantenhäufungen **вств, здн, стл, стн, рдц** wird ein Konsonant einfach weggelassen. Beispiele: **Здравствуйте!** (Guten Tag!), **праздник** (Fest), **счастливый** (glücklich), **грустно** (traurig), **сердце** (Herz).

GRAMMATIK

In diesem Kapitel lernst du die russische Grammatik kennen. Jede Form der Grammatik wurde mit vielen Beispielen ausgestattet, um das Verständnis so leicht wie möglich zu machen. Auch dieses Kapitel findest du als Audio Datei unter: **https://bit.ly/2UbBGhf** Falls du Probleme mit dem Link oder den Audio-Dateien haben solltest, schreibe uns eine E-Mail an: d-stopfer@web.de

Die Unterkapitel sind systematisch geordnet, das bedeutet die Themen sind nach ihrem Schwierigkeitsgrad sortiert. Auch für Anfänger ist dieses Buch bestens geeignet, da es mit den Grundbausteinen der russischen Sprache beginnt. Wenn du bereits sprachliches sowie grammatikalisches Vorwissen besitzt, kannst du die ersten Kapitel einfach überspringen.

Also, **приступим**!

1. Sätze bilden

Der wohl einfachste Satz der russischen Sprache besteht lediglich aus einem Subjekt und einem Verb.

Zum Beispiel: „**Лукас работает**."
Auf Deutsch: „Lucas arbeitet."

In diesem Fall ist „**Лукас**" das Subjekt und „**работает**" das Verb.

Beispiel: „**Лиза спит**."
Deutsch: „Lisa schläft."

Beispiel: „**Маркус бежит**."
Deutsch: „Marcus läuft."

Beispiel: „**Лена смеётся**."
Deutsch: „Lena lacht."

Beispiel: „**Он учится**."
Deutsch: „Er lernt."

Beispiel: „**Она говорит**."
Deutsch: „Sie sagt."

Beispiel: „**Мориц читает**."
Deutsch: „Moritz liest."

Neben diesen einfachen Sätzen gibt es natürlich noch Sätze mit einem Objekt. Auch in der russischen Sprache folgt das Objekt meistens dem Verb.

Zum Beispiel: „Пётр покупает книгу."
Auf Deutsch: „Peter kauft ein Buch."

In diesem Fall ist „Пётр" das Subjekt, „покупает" das Verb und „книгу" das Objekt.

Beispiel: „Лиза спит допоздна."
Deutsch: „Lisa schläft lange."

Beispiel: „Я хочу взять напрокат машину."
Deutsch: „Ich möchte ein Auto mieten."

Beispiel: „Я хочу пить."
Deutsch: „Ich bin durstig."

Beispiel: „Я живу в Германии."
Deutsch: „Ich wohne in Deutschland."

Beispiel: „Меня зовут Павел."
Deutsch: „Mein Name ist Paul."

Beispiel: „Алиса бежит быстро."
Deutsch: „Alicia läuft schnell."

2. Verneinte Sätze

Wenn sich die Verneinung auf den ganzen Satz bezieht, steht das Wort „nicht" (не) direkt vor dem Verb. Wenn lediglich ein Satzglied verneint werden soll, steht das Wort „не" vor dem bestimmten Satzglied.

Beispiel: „Я сегодня не пойду в школу."
Deutsch: „Ich gehe heute nicht zur Schule."

Beispiel: „Я не лечу в отпуск."
Deutsch: „Ich fliege nicht in den Urlaub."

Beispiel: „Я не могу прийти."
Deutsch: „Ich kann nicht kommen."

Beispiel: „Я не умею плавать."
Deutsch: „Ich kann nicht schwimmen."

Beispiel: „Я говорю не по-английский, а по-русский."
Deutsch: „Ich spreche kein Englisch, aber Russisch."

Beispiel: „Я иду к Тому, а не к Нику."
Deutsch: „Ich gehe zu Tom, nicht zu Nick."

Beispiel: „Я ем пиццу, а не вермишель".
Deutsch: „Ich esse Pizza, keine Nudeln."

Beispiel: „Я пью воду, а не пиво."
Deutsch: „Ich trinke Wasser, kein Bier."

3. Fragen bilden

Im Russischen gibt es zwei Arten von Fragen. Es gibt Entscheidungsfragen und Ergänzungsfragen. Eine Entscheidungsfrage kann man lediglich mit einem „ja" oder einem „nein" beantworten. Die Ergänzungsfragen beginnen immer mit einem Fragewort, hier eine Übersicht aller Fragepronomen:

wer?	кто?
wo?	где?
wann?	когда?
warum?	почему́?
wie viel?	сколько?
welcher?	какой?
welches?	какое?
welche?	какая? какие?
wie?	как?
was?	что?

In der russischen Präsensform gibt es das Wort „sein" nicht. Fragen, die das Wort „sein" beinhalten, bestehen lediglich aus zwei Wörtern:

Beispiel: „Что это?"
Deutsch: „Was ist das?"

Beispiel: „Кто это?"
Deutsch: „Wer ist das?"

Beispiel: „Где это?"
Deutsch: „Wo ist das?"

Ergänzungsfragen Beispiele:

Beispiel: „Что ты делаешь?"
Deutsch: „Was machst du?"

Beispiel: „Кто ты?"
Deutsch: „Wer bist du?"

Beispiel: „Где ты живешь?"
Deutsch: „Wo wohnst du?"

Beispiel: „Где ты работаешь?"
Deutsch: „Wo arbeitest du?"

Beispiel: „Как это делается?"
Deutsch: „Wie geht das?"

Beispiel: „Куда ты идёшь?"
Deutsch: „Wo gehst du hin?"

Beispiel: „ Почему ты не учишь?"
Deutsch: „Warum lernst du nicht?"

Beispiel: „Когда мы увидимся?"
Deutsch: „Wann sehen wir uns?"

Beispiel: „Чей это мобильный телефон?"
Deutsch: „Wem gehört das Handy?"

Entscheidungsfragen Beispiele:

Beispiel: „Будешь ли ты выносить мусор?"
Deutsch: „Bringst du den Müll raus?"

Beispiel: „У тебя есть машина?"
Deutsch: „Besitzt du ein Auto?"

Beispiel: „Ты голоден?"
Deutsch: „Hast du Hunger?"

Beispiel: „Тебе нравится пицца?"
Deutsch: „Magst du Pizza?"

Beispiel: „Тебе нравится учиться?"
Deutsch: „Lernst du gerne?"

Beispiel: „У тебя есть велосипед?"
Deutsch: „Hast du ein Fahrrad?"

Beispiel: „Ты занимаешься спортом?"
Deutsch: „Machst du Sport?"

Beispiel: „Я прав?"
Deutsch: „Habe ich Recht?"

Beispiel: „У тебя есть брат?"
Deutsch: „Hast du einen Bruder?"

4. Konjunktionen

Im Russischen gibt es auch Konjunktionen (so genannte Bindewörter). Hier findest du die wichtigsten:

oder	или
und	и
aber	но
deshalb	поэтому
weil	потому что
jedoch	однако
während	в то время как
nachdem	после того как
dass	что
wenn	если
daher	следовательно
weder... noch	ни... ни
sondern	а

Beispiel: „Я высокий **и** стройный."
Deutsch: „Ich bin groß **und** schlank."

Beispiel: „Я знаю, **что** идёт дождь."
Deutsch: „Ich weiß, **dass** es regnet."

Beispiel: „Я не русский, **а** немец."
Deutsch: „Ich bin kein Russe, **sondern** Deutscher."

5. Personalpronomen

Damit du eine klare Übersicht über alle Personalpronomen hast, sind im Folgenden alle Personalpronomen mit Beispielen aufgeführt:

- 1.Person Singular *ich*: **я**
- 2.Person Singular *du*: **ты**
- 3.Person Singular *er*: **он**
- 3.Person Singular *sie*: **она**
- 3.Person Singular *es*: **оно**
- 1.Person Plural *wir*: **мы**
- 2.Person Plural *ihr*: **вы**
- 3.Person Plural *sie*: **они**

Beispiel: „**Я очень маленькая.**"
Deutsch: „**Ich** bin sehr klein."

Beispiel: „**Он читает книгу.**"
Deutsch: „**Er** liest ein Buch."

Beispiel: „**Ты заслужил это.**"
Deutsch: „**Du** hast es dir verdient."

Beispiel: „**Мы напуганы.**"
Deutsch: „**Wir** haben Angst."

Beispiel: „**Я голоден.**"
Deutsch: „**Ich** habe Hunger."

6. Substantive

- russische Substantive haben keine Artikel
- wie im Deutschen bezeichnen sie Gegenstände oder Lebewesen
- es gibt drei mögliche Geschlechter (feminin, maskulin und neutral)
- im Gegensatz zum Deutschen werden die Substantive im Russischen kleingeschrieben
- in der russischen Sprache gibt es sechs Fälle (Nominativ, Genitiv, Dativ, Akkusativ, Präpositiv und Instrumental)
- die meisten Substantive bilden den Plural indem ein -и oder -ы angehängt wird
- meist ist aus der Endung des Substantives erkenntlich, um welches Geschlecht es sich handelt – vor allem jedoch an dem beschreibenden Adjektiv

Maskuline Substantive

Substantive mit Endung auf -Й oder einen Konsonanten sind immer maskulin. Wenige maskuline Substantive enden jedoch auch auf -Ь. Ein Substantiv, welches auf -А oder -Я endet und eine männliche Person beschreibt, wird weiblich dekliniert, ist jedoch männlich. Das ist zum Beispiel an der Endung des beschreibenden Adjektives erkenntlich z. B. **высокий дядя** (großer Onkel), **красивый мужчина** (schöner Mann).

Feminine Substantive

Feminine Substantive enden meistens auf -А oder -Я. Manchmal auch auf -ИЯ und -Ь. Auch Substantive, die auf -ЧЬ, -ЖЬ, -ШЬ oder -ЩЬ enden, sind feminin z. B. **мама** (Mama), **земля** (Erde), **лошадь** (Pferd), **помощь** (Hilfe), **дочь** (Tochter), **мышь** (Maus), **молодёжь** (Jugendliche).

Neutrale Substantive

Neutrale Substantive enden auf -Е/-Ё, -О, -МЯ oder -ИЕ z. B. **окно** (Fenster), **имя** (Name), **солнце** (Sonne), **известие** (Nachricht).

Pluralbildung mit Endung -И

Im Plural haben folgende Substantive die Endung -и: Substantive endent auf -Ь, -Й, -Я, -ИЯ, -Г, -К, -Х, -Ч, -Ж, -Ш, -Щ.

Singular	Plural
словарь	словари
ключ	ключи
статья	статьи
музей	музеи

Pluralbildung mit Endung -Ы

Im Plural haben Substantive, welche auf einen harten Konsonanten enden die Endung -Ы. Auch feminine Substantive mit Endung -A enden im Plural auf -Ы.

Singular	Plural
чемодан	чемоданы
билет	билеты
папа	папы
женщина	женщины

Pluralbildung mit Endung -A/-Я

Im Plural haben meistens neutrale Substantive die Endung -A oder -Я. Wenn ein neutrales Substantiv auf -O endet, endet es im Plural auf -A. Wenn ein neutrales Substantiv auf -E endet, endet es im Plural auf -Я. Eine kleine Ausnahme gibt es bei Substantiven, welche auf -МЯ enden. Denn diese enden im Plural auf -ЕНА/-ЁНА.

Singular	Plural
письмо	письма
море	моря
место	места

Wie bereits erwähnt gibt es im Russischen nicht nur vier, sondern sechs Fälle (Kasus). Diese werden auf den folgenden Seiten erklärt.

1. Fall: Nominativ
Dieser Fall kennzeichnet das Subjekt des Satzes. Er beantwortet die Frage:

Wer? (belebt)   Кто?

oder

Was? (unbelebt)   Что?

2. Fall: Genitiv
Dieser Fall zeigt ein Besitztum, ein Bestandteil oder eine Eigenschaft an. Er beantwortet die Frage:

Wessen? (belebt)   Кого?

oder

Wessen? (unbelebt)   Чего?

3. Fall: Dativ
Dieser Fall bezieht sich auf das indirekte Objekt einer Tätigkeit. Er beantwortet die Frage:

Wem? (belebt)   Кому?

oder

Wem? (unbelebt)   Чему?

4. Fall: Akkusativ
Dieser Fall bezieht sich auf das direkte Objekt eines Satzes. Er beantwortet die Frage:

Wen? (belebt)   Кого?

oder

Was? (unbelebt)   Что?

5. Fall: Instrumental

Dieser Fall bezieht sich auf den Ausführenden einer Handlung, die Art einer Handlung oder die Sache, mit der die Handlung ausgeführt wird. Er beantwortet die Frage:

Mit wem? (belebt)   Кем?
oder
Womit? (unbelebt)   Чем?

Und kommt meistens mit diesen Präpositionen vor:

über   над
mit   с
hinter   за

6. Fall: Präpositiv

Dieser Fall tritt immer in Verbindung mit einer Präposition auf. Er beantwortet die Frage:

Über wen? (belebt)   (О) ком?
oder
Über was? (unbelebt)   (О) чём?

Beispiele für auftretende Präpositionen:

über   о
auf   на
in   в

Die Deklination von russischen Substantiven teilt sich in drei verschiedene Klassen auf. In der ersten Klasse sind weibliche Substantive mit Endung -А oder -Я und wenige männliche Substantive mit der gleichen Endung. In der zweiten Klasse sind männliche Substantive, die auf einen Konsonanten, -Ь oder -Й enden. Auch neutrale Substantive mit Endung -О, -Е oder -Ё gehören zu dieser Klasse. Zu der dritten Klasse gehören weibliche endungslose (-Ь) Substantive.

I. Deklinationsklasse Singular Substantive

Fall:	Beispiel:
Nominativ	трава (Gras)
Genitiv	травы
Dativ	траве
Akkusativ	траву
Instrumental	травой
Präpositional	(о) траве

Fall:	Beispiel:
Nominativ	химия (Chemie)
Genitiv	химии
Dativ	химии
Akkusativ	химию
Instrumental	химией
Präpositional	(о) химии

In der ersten Deklination enden Substantive im Dativ und im Präpositional auf -Е. Substantive mit Endung -ИЯ in der Anfangsform, erhalten im Dativ und im Präpositional die Endung -И.

II. Deklinationsklasse Singular Substantive

Fall:	Beispiel:
Nominativ	рубль (Rubel)
Genitiv	рубля
Dativ	рублю
Akkusativ	рубль
Instrumental	рублём
Präpositional	(о) рубле

Nominativ	поле (Feld)
Genitiv	поля
Dativ	полю
Akkusativ	поле
Instrumental	полем
Präpositional	(о) поле

Nominativ	поведение (Verhalten)
Genitiv	поведения
Dativ	поведению
Akkusativ	поведение
Instrumental	поведением
Präpositional	(о) поведении

Hier enden Substantive im Präpositional auf -E. Eine Ausnahme gibt es bei neutralen Substantiven mit Endung -ИЕ und maskulinen Substantiven mit Endung -ИЙ. Diese enden im Präpositional auf -И.

III. Deklinationsklasse Singular Substantive

Fall: **Beispiel:**

Nominativ	тетрадь (Heft)
Genitiv	тетради
Dativ	тетради
Akkusativ	тетрадь
Instrumental	тетрадью
Präpositional	(о) тетради
Nominativ	дочь (Tochter)
Genitiv	дочери
Dativ	дочери
Akkusativ	дочь
Instrumental	дочерью
Präpositional	(о) дочери
Nominativ	сирень (Flieder)
Genitiv	сирени
Dativ	сирени
Akkusativ	сирень
Instrumental	сиренью
Präpositional	(о) сирени

In diesem Deklinationsfall enden Substantive im Genitiv, im Dativ und im Präpositional auf den Buchstaben -и.

I. Deklinationsklasse Plural Substantive

Fall:	Beispiel:
Nominativ	неде́ли (Wochen)
Genitiv	неде́ль
Dativ	неде́лям
Akkusativ	неде́ли
Instrumental	неде́лями
Präpositional	(о) неде́лях

Nominativ	стра́ны (Länder)
Genitiv	стран
Dativ	стра́нам
Akkusativ	стра́ны
Instrumental	стра́нами
Präpositional	(о) стра́нах

Nominativ	ко́мнаты (Zimmer)
Genitiv	ко́мнат
Dativ	ко́мнатам
Akkusativ	ко́мнаты
Instrumental	ко́мнатами
Präpositional	(о) ко́мнатах

Im Plural Genitiv haben viele Substantive keine Endung.

II. Deklinationsklasse Plural Substantive

Fall: **Beispiel:**
Nominativ музе**и** (Museen)
Genitiv музе**ев**
Dativ музе**ям**
Akkusativ музе**и**
Instrumental музе**ями**
Präpositional (о) музе**ях**

Nominativ окн**а** (Fenster)
Genitiv окон
Dativ окн**ам**
Akkusativ окн**а**
Instrumental окн**ами**
Präpositional (о) окн**ах**

Nominativ мест**а** (Sitze)
Genitiv мест
Dativ мест**ам**
Akkusativ мест**а**
Instrumental мест**ами**
Präpositional (о) мест**ах**

Im Plural Genitiv haben die meisten Substantive keine Endung.

III. Deklinationsklasse Plural Substantive

Fall:	Beispiel:
Nominativ	ночи (Nächte)
Genitiv	ночей
Dativ	ночам
Akkusativ	ночи
Instrumental	ночами
Präpositional	(о) ночах

Nominativ	ладони (Handflächen)
Genitiv	ладоней
Dativ	ладоням
Akkusativ	ладони
Instrumental	ладонями
Präpositional	(о) ладонях

Nominativ	тетради (Hefte)
Genitiv	тетрадей
Dativ	тетрадям
Akkusativ	тетради
Instrumental	тетрадями
Präpositional	(о) тетрадях

Merke: Die Zugehörigkeit der Substantive wird in der Ausgangsform Singular getroffen.

7. Adjektive

Anders als im Deutschen, werden im Russischen auch die Adjektive in Genus und Numerus an das Substantiv angepasst. Es gibt zwei Arten von Adjektiven. Die erste Art sind die Qualitätsadjektive. Mit diesen werden Eigenschaften und Wertungen ausgedrückt, sie sind also wie die Adjektive aus der deutschen Sprache. **Beispiel:**

klein	небольшой
klug	умный

Die zweite Art der Adjektive sind die Beziehungsadjektive. Diese bezeichnen ein Merkmal in Bezug auf ein Substantiv. Aus einem Beziehungsadjektiv + Sub-stantiv wird im Deutschen ein zusammengesetztes Substantiv. **Beispiel:**

Glastisch	стеклянный стол

Im Folgenden lernst du die Deklinationsmuster der verschiedenen Adjektivarten kennen.

Adjektive mit hartem Stammauslaut (männlich)

Fall:	Endung:
Nominativ	-ый
Genitiv	-ого
Dativ	-ому
Akkusativ	belebt -ого; unbelebt -ый
Instrumental	-ым
Präpositional	-ом

Adjektive mit hartem Stammauslaut (weiblich)
Fall:	Endung:
Nominativ	-ая
Genitiv	-ой
Dativ	-ой
Akkusativ	-ую
Instrumental	-ой
Präpositional	-ой

Adjektive mit hartem Stammauslaut (neutral)
Fall:	Endung:
Nominativ	-ое
Genitiv	-ого
Dativ	-ому
Akkusativ	-ое
Instrumental	-ым
Präpositional	-ом

Adjektive mit hartem Stammauslaut (Plural)
Fall:	Endung:
Nominativ	-ые
Genitiv	-ых
Dativ	-ым
Akkusativ	belebt -ых; unbelebt -ые
Instrumental	-ыми
Präpositional	-ых

Adjektive mit weichem Stammauslaut (männlich)
Fall: **Endung:**
Nominativ -ий
Genitiv -его
Dativ -ему
Akkusativ belebt -его; unbelebt -ий
Instrumental -им
Präpositional -ем

Adjektive mit weichem Stammauslaut (weiblich)
Fall: **Endung:**
Nominativ -яя
Genitiv -ей
Dativ -ей
Akkusativ -юю
Instrumental -ей
Präpositional -ей

Adjektive mit weichem Stammauslaut (neutral)
Fall: **Endung:**
Nominativ -ее
Genitiv -его
Dativ -ему
Akkusativ -ее
Instrumental -им
Präpositional -ем

Adjektive mit weichem Stammauslaut (Plural)

Fall:	Endung:
Nominativ	-ие
Genitiv	-их
Dativ	-им
Akkusativ	belebt -их; unbelebt -ие
Instrumental	-ими
Präpositional	-их

Adjektive; Stamm endet auf Zischlaut (männlich)

Fall:	Endung:
Nominativ	-ий
Genitiv	-его
Dativ	-ему
Akkusativ	belebt -его; unbelebt -ий
Instrumental	-им
Präpositional	-ем

Adjektive; Stamm endet auf Zischlaut (weiblich)

Fall:	Endung:
Nominativ	-ая
Genitiv	-ей
Dativ	-ей
Akkusativ	-ую
Instrumental	-ей
Präpositional	-ей

Adjektive; Stamm endent auf Zischlaut (neutral)

Fall:	Endung:
Nominativ	-ее
Genitiv	-его
Dativ	-ему
Akkusativ	-ее
Instrumental	-им
Präpositional	-ем

Adjektive; Stamm endent auf Zischlaut (Plural)

Fall:	Endung:
Nominativ	-ие
Genitiv	-их
Dativ	-им
Akkusativ	belebt -их; unbelebt -ие
Instrumental	-ими
Präpositional	-их

Adjektive; Stamm endent auf -г, -к, -х (männlich)

Fall:	Endung:
Nominativ	-ий
Genitiv	-ого
Dativ	-ому
Akkusativ	belebt -ого; unbelebt -ий
Instrumental	-им
Präpositional	-ом

Adjektive; Stamm endent auf -г, -к, -х (weiblich)

Fall:	Endung:
Nominativ	-ая
Genitiv	-ой
Dativ	-ой
Akkusativ	-ую
Instrumental	-ой
Präpositional	-ой

Adjektive; Stamm endent auf -г, -к, -х (neutral)

Fall:	Endung:
Nominativ	-ое
Genitiv	-ого
Dativ	-ому
Akkusativ	-ое
Instrumental	-им
Präpositional	-ом

Adjektive; Stamm endent auf -г, -к, -х (Plural)

Fall:	Endung:
Nominativ	-ие
Genitiv	-их
Dativ	-им
Akkusativ	belebt -их; unbelebt -ие
Instrumental	-ими
Präpositional	-их

Neben den Langformen der Adjektive gibt es im Russischen noch eine Kurzform. Diese wird lediglich nach Zahl und Geschlecht des Bezugswortes gebeugt. Gebildet wird eine Kurzform, indem man die Endung des Qualitätsadjektives entfernt und gegebenenfalls eine der unten stehenden Endungen anhängt.

Adjektiv Kurzform Singular männlich: Keine Endung

Adjektiv Kurzform Singular weiblich: -а

Adjektiv Kurzform Singular neutral: -о

Adjektiv Kurzform Plural: -ы / -и

Beispiel плохой (schlecht)

männlich	плох
weiblich	плоха
neutral	плохо
Plural	плохи

Beispiel красивый (schön)

männlich	красив
weiblich	красива
neutral	красиво
Plural	красивы

8. Verben konjugieren

Im Russischen gibt es lediglich drei Zeitformen: das Präsens, das Präteritum und das Futur. Um trotzdem genauere Aussagen treffen zu können, gibt es im Russischen einen vollendeten und unvollendeten Aspekt. Mit diesem kann man bestimmen, ob eine Handlung abgeschlossen ist oder nicht, aber dazu später mehr. Auch gibt es zwei Arten der Konjugation.

Die I. Konjugation wird bei Verben angewandt, welche:

- auf -овать enden
- im Infinitiv auf -сти enden
- im Infinitiv auf -ети enden
- im Infinitiv auf -ать/-ять enden

Die II. Konjugation wird wie folgt angewandt:

- bei Verben die auf -ить enden
- bei Verben die **betont** auf -ать/-ять enden
- bei den Verben гнать, дышать, держать, слышать, обидеть, терпеть, зависеть, вертеть, смотреть, ненавидеть, зависеть

Beispiele I. Konjugation:

Die I. Konjugation unterteilt sich in zwei Gruppen. Zu der ersten Gruppe gehören Verben, deren Präsensstamm auf einen Vokal endet:

слушать (hören):

я	слуша**ю**
ты	слуша**ешь**
он/она/оно	слуша**ет**
мы	слуша**ем**
вы	слуша**ете**
они	слуша**ют**

бегать (laufen):

я	бега**ю**
ты	бега**ешь**
он/она/оно	бега**ет**
мы	бега**ем**
вы	бега**ете**
они	бега**ют**

мечтать (träumen):

я	мечта**ю**
ты	мечта**ешь**
он/она/оно	мечта**ет**
мы	мечта**ем**
вы	мечта**ете**
они	мечта**ют**

Zu der zweiten Gruppe gehören Verben, deren Präsensstamm auf einen Konsonanten endet:

брать (nehmen):

я	бер**у**
ты	бер**ёшь**
он/она/оно	бер**ёт**
мы	бер**ём**
вы	бер**ёте**
они	бер**ут**

везти (transportieren):

я	вез**у**
ты	вез**ёшь**
он/она/оно	вез**ёт**
мы	вез**ём**
вы	вез**ёте**
они	вез**ут**

идти (gehen):

я	ид**у**
ты	ид**ёшь**
он/она/оно	ид**ёт**
мы	ид**ём**
вы	ид**ёте**
они	ид**ут**

Beispiele II. Konjugation:

Nach der II. Konjugation werden folgende Verben konjugiert

- alle Verben, die auf -ить enden (Ausnahmen: **брить** (rasieren) und **стелить** (etw. ausbreiten))

- folgende Verben, deren Infinitiv auf -ать endet: **гнать** (fortjagen), **дышать** (atmen), **держать** (halten), **слышать** (hören)

- folgende Verben, deren Infinitiv auf -еть endet: **зависеть** (abhängen), **терпеть** (dulden), **смотреть** (schauen), **видеть** (sehen), **вертеть** (drehen), **обидеть** (Unrecht tun) **ненавидеть** (hassen)

	верить (glauben):	**гнать** (treiben):	**стоять** (stehen):
я	вер**ю**	гон**ю**	сто**ю**
ты	вер**ишь**	гон**ишь**	сто**ишь**
он/она/оно	вер**ит**	гон**ит**	сто**ит**
мы	вер**им**	гон**им**	сто**им**
вы	вер**ите**	гон**ите**	сто**ите**
они	вер**ят**	гон**ят**	сто**ят**

9. Vollendeter Aspekt

Der Aspekt zeigt im Russischen, ob eine Handlung abgeschlossen ist oder noch andauert. Dieser Aspekt wird gebildet, indem man eine Vor- bzw. eine Nachsilbe an das Verb anhängt. Etwas Ähnliches gibt es auch in der englischen Sprache, dem Gerundium. Hierbei wird an den Infinitiv ein „-ing" angehängt. So wird aus dem Verb „go" → „going". Mit dem vollendeten Aspekt wird eine abgeschlossene Handlung gekennzeichnet. Dieser tritt nur im Präteritum und dem Futur auf.

Mit dem unvollendeten Aspekt wird eine nicht abgeschlossene Handlung gekennzeichnet. Dieser tritt im Präteritum, Präsens und dem Futur auf.

Bildung des vollendeten Aspektes:

Ein vollendetes Verb entsteht, indem man an das unvollendete Verb eine Vorsilbe hängt.

Beispiel: платить → заплатить
Vorsilbe: за-
Deutsch: zahlen

Beispiel: учить → выучить
Vorsilbe: вы-
Deutsch: lernen

Beispiel: делать → сделать
Vorsilbe: с-
Deutsch: machen

Weitere mögliche Vorsilben: о-, от-, на-, по-

Verwendung im Präteritum:
- abgeschlossene Handlung
- einmalige Handlung
- auf Vergangenheit bezogene Handlung, die noch anhält
- aufeinander folgende, bereits abgeschlossene Handlungen

Beispiele:

Beispiel: „Тим помог мне вчера."
Deutsch: „Tim hat mir gestern geholfen."

Beispiel: „Я летал в Берлин в прошлом году."
Deutsch: „Ich bin letztes Jahr nach Berlin geflogen."

Beispiel: „Уже в детстве мне нравилось рисовать."
Deutsch: „Schon als Kind habe ich gerne gezeichnet."

Beispiel: „Вчера Миа испекла пирог."
Deutsch: „Gestern hat Mia einen Kuchen gebacken."

Beispiel: „Саймон вчера купил ручку."
Deutsch: „Simon hat sich gestern einen Kugelschreiber gekauft."

Beispiel: „Вчера я съездил во Франкфурт."
Deutsch: „Ich bin gestern nach Frankfurt gefahren."

Verwendung im Futur:
- Handlung, die abgeschlossen wird
- Handlung, von der man vermutet, dass sie abgeschlossen wird
- Handlung, die nicht abgeschlossen werden kann

Das Futur vollendeter Verben wird genau wie das Präsens unvollendeter Verben gebildet.
Beispiele:

Beispiel: „Завтра я буду заниматься спортом."
Deutsch: „Morgen werde ich Sport machen."

Beispiel: „Я скоро напишу экзамен."
Deutsch: „Ich werde bald eine Prüfung schreiben."

Beispiel: „Я не буду писать свой Абитур."
Deutsch: „Ich werde mein Abitur nicht schreiben."

Beispiel: „Я прочитаю текст завтра."
Deutsch: „Ich werde den Text morgen lesen."

Beispiel: „Я уезжаю в отпуск в следующем году."
Deutsch: „Ich werde nächstes Jahr in den Urlaub fahren."

Beispiel: „Завтра я сниму видео."
Deutsch: „Morgen werde ich ein Video drehen."

10. Unvollendeter Aspekt

Die meisten Verben der russischen Sprache besitzen zwei Stammformen. Hierbei gibt es den Infinitivstamm und den Präsensstamm. Der Infinitivstamm wird für das Präteritum verwendet. Der Präsensstamm wird für das Präsens von unvollendeten Verben und das Futur von vollendeten Verben verwendet. Der Infinitivstamm wird gebildet, indem man die Endung -ть oder -ти des Infinitivs entfernt. Beispiel: **читать** wird zu **чита**

Der Präsensstamm wird gebildet, indem man von der 3. Person Plural des Futurs (bei vollendeten Verben) bzw. des Präsens (bei unvollendeten Verben) die Endung -ат, -ут, -ют oder -ят entfernt. Beispiel: **читают** wird zu **чита**

Bildung des unvollendeten Aspektes:
Ein unvollendetes Verb entsteht, indem man dem Stamm des Verbes eine Nachsilbe hinzufügt.

Beispiel: **забыть** → **забывать**
Nachsilbe: -**ыва**
Deutsch: vergessen

Beispiel: **решить** → **решать**
Nachsilbe: -**а**
Deutsch: entscheiden

Beispiel: **раскачать** → **раскачивать**
Nachsilbe: -**ива**
Deutsch: schaukeln

Weitere mögliche Nachsilben: -**я**, -**ва**

Verwendung im Präteritum:
- sich wiederholende Handlungen
- nicht abgeschlossene Handlungen
- sich auf Vergangenheit beziehende Handlung, welche nicht bis in die Gegenwart andauert
- andauernde Handlungen
- zeitgleich stattfindende Handlungen

Beispiele:

Beispiel: „Я веселился каждую пятницу."
Deutsch: „Ich war jeden Freitag feiern."

Beispiel: „Я начал учиться."
Deutsch: „Ich habe angefangen zu lernen."

Beispiel: „Я учил всю неделю."
Deutsch: „Ich habe die ganze Woche gelernt."

Beispiel: „Я гулял каждый день."
Deutsch: „Ich war jeden Tag spazieren."

Beispiel: „Я чинил свою машину несколько часов."
Deutsch: „Ich repariere mein Auto seit Stunden."

Beispiel: „Я уже всегда ел хлопья на завтрак. "
Deutsch: „Ich habe schon immer Müsli zum Frühstück gegessen."

Verwendung im Präsens:

- jetzige Handlung
- nicht abgeschlossene Handlung
- zeitgleich stattfindende Handlungen

Beispiele:

Beispiel: „Я катаюсь на велосипеде."
Deutsch: „Ich fahre Fahrrad."

Beispiel: „Я бегу в школу."
Deutsch: „Ich laufe zur Schule."

Beispiel: „Он смотрит телевизор."
Deutsch: „Er schaut fern."

Beispiel: „Я ем пиццу."
Deutsch: „Ich esse Pizza."

Beispiel: „Макс идёт закупаться."
Deutsch: „Max geht einkaufen."

Beispiel: „Пока я сплю, Лиза готовит ужин."
Deutsch: „Während ich schlafe, kocht Lisa Abendessen."

Merke: Im Präsens wird nur der unvollendete Aspekt verwendet.

Verwendung im Futur:
- sich wiederholende Handlung
- Handlung, die man nicht ausführen kann beziehungsweise will
- zur selben Zeit stattfindende Handlungen

Beispiele:

Beispiel: „Моя мама будет готовить каждый день."
Deutsch: „Meine Mama wird jeden Tag kochen."

Beispiel: „Я не пойду в университет."
Deutsch: „Ich werde nicht studieren gehen."

Beispiel: „Я не буду это есть!"
Deutsch: „Ich werde das nicht essen!"

Beispiel: „Я никогда этого не пойму."
Deutsch: „Ich werde es nie verstehen."

Beispiel: „Она будет читать каждое воскресенье."
Deutsch: „Sie wird jeden Sonntag lesen."

Beispiel: „Я буду учить каждую неделю."
Deutsch: „Ich werde jede Woche lernen."

Beispiel: „Я буду навещать тебя регулярно."
Deutsch: „Ich werde dich regelmäßig besuchen."

11. Zeitformen

Nachdem wir uns im letzten Kapitel mit den Aspekten der russischen Sprache auseinandergesetzt haben, widmen wir uns nun den drei unterschiedlichen Zeitformen: Präteritum, Präsens und Futur.

1. Präteritum

Das Präteritum ist die einzige Vergangenheitsform der russischen Sprache. Sie wird gebildet, indem an den Infinitivstamm des Verbes eine bestimmte Endung angehängt wird. Das Präteritum wird für Verben des vollständigen und unvollständigen Aspektes gleich gebildet.

Der Infinitivstamm bekommt also folgende Endungen:

Männlich Singular	-л
Weiblich Singular	-ла
Neutral Singular	-ло
Plural	-ли

Beispiel работать (arbeiten):

Infinitivstamm	работа
Männlich Singular	работал
Weiblich Singular	работала
Neutral Singular	работало
Plural	работали

2. Präsens

Das Präsens kann nur aus Verben des unvollendeten Aspektes entstehen. Es kann entweder nach der I. Konjugation oder der II. Konjugation gebildet werden. Die zwei Arten der Konjugation hast du bereits im Kapitel „Verben konjugieren" kennengelernt.

читать (lesen):

я	читаю
ты	читаешь
он/она/оно	читает
мы	читаем
вы	читаете
они	читают

знать (wissen):

я	знаю
ты	знаешь
он/она/оно	знает
мы	знаем
вы	знаете
они	знают

пить (trinken):

я	пью
ты	пьёшь
он/она/оно	пьёт
мы	пьём
вы	пьёте
они	пьют

3. Futur

Das Futur kann von Verben des unvollendeten und vollendeten Aspektes gebildet werden. Die Bildung des Futurs hängt stark von der Aspektform ab. Wir beginnen mit dem Futur von unvollendeten Verben. Dieses wird mit einer konjugierten Form des Hilfsverbes „sein" + dem Infinitiv des unvollendeten Verbes gebildet. Dafür findest du hier die passende Konjugation:

быть (sein):

я	буду (werde)
ты	будешь (wirst)
он/она/оно	будет (wird)
мы	будем (werden)
вы	будете (werdet)
они	будут (werden)

Beispiele:

Beispiel: „Я буду путешествовать."
Deutsch: „Ich werde auf eine Reise gehen."

Beispiel: „Ты будешь работать."
Deutsch: „Du wirst arbeiten."

Beispiel: „Я буду учиться в школе."
Deutsch: „Ich werde zur Schule gehen."

Nun befassen wir uns mit dem Futur von vollendeten Verben. Dieses wird, wie erwähnt, auf die gleiche Art und Weise wie das Präsens von unvollendeten Verben gebildet. Wenn du dir die Bildung dieser Form erneut anschauen möchtest, blättere zurück zu dem Kapitel „Verben konjugieren" (Seite 53-56).

Beispiele:

Beispiel: „ Эту книгу я прочитаю завтра."
Deutsch: „Ich werde dieses Buch morgen lesen."

Beispiel: „ Я попозже полью цветок."
Deutsch: „Ich werde die Blume später gießen."

Beispiel: „Я скоро навещу бабушку."
Deutsch: „Ich werde bald Oma besuchen."

Beispiel: „Робин поможет тебе завтра."
Deutsch: „Robin wird dir morgen helfen."

Beispiel: „Он скоро об этом пожалеет."
Deutsch: „Das wird er bald bereuen."

Beispiel: „Скоро она получит машину."
Deutsch: „Bald bekommt sie ein Auto."

Beispiel: „Я собираюсь съесть эту пиццу."
Deutsch: „Ich habe vor, diese Pizza zu essen."

DIE UHRZEIT

Die Frage „Wie spät ist es?" lautet auf Russisch „Который час?" oder umgangssprachlich „Сколько время?". Um diese Frage zu beantworten, muss man außer Zahlen folgende Wörter kennen:

час (hier: Uhr) im Plural
минута (Minute) im Plural
половина oder пол (halb) + Ordnungszahl im Genitiv
четверть (Viertel) + Ordnungszahl im Genitiv
без (hier: vor) + Ordnungszahl im Genitiv
ровно (hier: Punkt, z. B. ровно в восемь/восемь ровно = Punkt acht Uhr)

Eine Variante mit „nach" wie im Deutschen gibt es im Russischen nicht.

Beispiele:

Uhrzeit	allgemein		alternativ
8:00	восемь часов		ровно восемь
8:05	восемь часов пять минут	1) 2)	восемь ноль пять / пять минут девятого
8:10	восемь часов десять минут	1) 2)	восемь десять / десять минут девятого
8:15	восемь часов пятнадцать минут	1) 2)	восемь пятнадцать / четверть девятого

8:20	восемь часов двадцать минут	1) восемь двадцать 2) двадцать минут девятого
8:25	восемь часов двадцать пять минут	1) восемь двадцать пять 2) двадцать пять минут девятого
8:30	восемь часов тридцать минут	1) восемь тридцать 2) половина девятого 3) полдевятого
8:35	восемь часов тридцать пять минут	1) восемь тридцать пять 2) без двадцати пяти девять
8:40	восемь часов сорок минут	1) восемь сорок 2) без двадцати девять
8:45	восемь часов сорок пять минут	1) восемь сорок пять 2) без пятнадцати девять 3) без четверти девять
8:50	восемь часов пятьдесят минут	1) восемь пятьдесят 2) без десяти девять
8:55	восемь часов пятьдесят пять минут	1) восемь пятьдесят пять 2) без пяти девять
12:00	двенадцать часов	полдень
00:00	ноль часов ноль минут	полночь

VOKABELN FÜR EINE REISE

Grundlagen:

Guten Morgen	Доброе утро
Guten Tag	Добрый день
Gute Nacht	Спокойной ночи
Auf Wiedersehen	До свидания
Danke	спасибо
Ja	да
Nein	нет
Entschuldigung	Прошу прощения
Gestern	вчера
Morgen	завтра
Heute	сегодня
Gut	хорошо
Schlecht	плохо
Bis bald	до скорого!
Bis morgen	до завтра
vielleicht	может быть
bitte	пожалуйста
Entschuldigen Sie	извините
Alles klar	всё понятно
Super	супер
Urlaub	отпуск
Ferien	каникулы
reisen	путешествовать

glücklich	счастли́вый
unglücklich	несча́стный
Gesundheit!	бу́дьте здоро́вы!
Name	и́мя
Geschlecht	род
Mann	мужчи́на
Frau	же́нщина
Single	одино́кий челове́к
Beziehung	отноше́ние
verheiratet sein	быть жена́тым
Ich verstehe	Я понима́ю
Ich verstehe nicht	Я не понима́ю
Ich spreche kein Russisch.	Я не говорю по-русский.
Prost!	За твоё/Ва́ше здоро́вье!
Wo kommst du her?	Ты отку́да?
Ich bin 20 Jahre alt.	Мне 20 лет.
Wie alt bist du?	Ско́лько тебе́ лет?
Wo arbeitest du?	Где ты рабо́таешь?
Was hältst du von…?	Что ты ду́маешь о…?
Was bringt dich hierher?	Что привело́ тебя́ сюда́?

Die Uhrzeit:

Uhr	часы́
Armbanduhr	нару́чные часы́
Wanduhr	насте́нные часы́
Uhrzeit	вре́мя
Wie spät ist es?	Кото́рый час?
Um wieviel Uhr?	Во ско́лько часо́в?
Um wie viel Uhr treffen wir uns?	Во ско́лько часо́в мы встреча́емся?
Wann?	когда́?
Seit wann?	с каки́х пор?
Bis wann?	до каки́х пор?
In 15 Minuten	че́рез 15 мину́т
In einer Stunde	че́рез час
Um fünf Uhr	в 5 часов
Es ist 20 vor fünf	без двадцати́ пять
Es ist viertel vor vier	без че́тверти четы́ре
Es ist 10 vor drei	без десяти́ три
Es ist viertel nach zwei	че́тверть тре́тьего
Es ist fünf nach zehn	пять мину́т оди́ннадцатого
Es ist Mittag	сейча́с по́лдень
Es ist Mitternacht	сейча́с по́лночь
Sommerzeit	ле́тнее вре́мя

Transportmittel:

Transportmittel	тра́нспортное сре́дство
Flugzeug	самолёт
Helikopter	вертолёт
Heißluftballon	теплово́й аэроста́т
Schiff	кора́бль
Fähre	паро́м
Bus	авто́бус
LKW	грузови́к
Transporter	грузово́й автомоби́ль
Auto	автомоби́ль
U-Bahn	метро́
Zug	по́езд
Fahrrad	велосипе́д
Roller	самока́т
Motorroller	моторо́ллер
Motorrad	мотоци́кл
Boot	ло́дка
Motorboot	мото́рная ло́дка
Jetski	гидроци́кл
fahren	е́хать
schwimmen	пла́вать
laufen	бежа́ть

Am Flughafen:

Flughafen	аэропо́рт
Flug	полёт
Anschlussflug	стыко́вочный рейс
Flugnummer	но́мер ре́йса
Fluggesellschaft	авиакомпа́ния
Flugbegleiter	бортпроводни́к
Pilot	лётчик
Steward	стюа́рд
Stewardess	стюарде́сса
Passagier	пассажи́р
Passkontrolle	па́спортный контро́ль
Zoll	тамо́жня
Reisepass	заграни́чный па́спорт
Gepäck	бага́ж
Handgepäck	ручно́й бага́ж
Koffer	чемода́н
Rucksack	рюкза́к
Handtasche	да́мская су́мочка
Gate	вы́ход на поса́дку
Bordkarte	поса́дочный тало́н
abheben	взлета́ть
landen	приземля́ться

Wochentage:

Montag	понеде́льник
Dienstag	вто́рник
Mittwoch	среда́
Donnerstag	четве́рг
Freitag	пя́тница
Samstag	суббо́та
Sonntag	воскресе́нье

Monate:

Januar	янва́рь
Februar	февра́ль
März	март
April	апре́ль
Mai	май
Juni	ию́нь
Juli	ию́ль
August	а́вгуст
September	сентя́брь
Oktober	октя́брь
November	ноя́брь
Dezember	дека́брь

Farben:

weiß	бе́лый
gelb	жёлтый
rot	кра́сный
rosa	ро́зовый
grün	зелёный
blau	си́ний
violett	фиоле́товый
braun	кори́чневый
orange	ора́нжевый
gold	золото́й
schwarz	чёрный
türkis	бирюзо́вый
ocker	о́хра
olivgrün	оли́вковый

Jahreszeiten:

Frühling	весна́
Sommer	ле́то
Herbst	о́сень
Winter	зима́

Wegbeschreibung:

weit	далеко́
nicht weit	недалеко́
Ist es weit?	Это далеко́?
Es ist nicht weit.	Это недалеко́.
gehen	идти́
geradeaus	пря́мо
rechts	напра́во
links	нале́во
Wie weit ist es ungefähr?	Как далеко́ э́то приблизи́тельно?
Ich denke ca. 500 Meter.	Я ду́маю приме́рно 500 ме́тров.
Wie komme ich zum Bahnhof?	Как мне добра́ться до вокза́ла?
Wie komme ich zum Hotel „Lisa"?	Как мне добра́ться до оте́ля „Ли́за"?
Gehen Sie geradeaus.	Иди́те пря́мо.
Gehen Sie geradeaus und dann links.	Иди́те пря́мо и пото́м нале́во.
Fahren Sie links und dann geradeaus.	Поверни́те нале́во, а зате́м езжа́йте пря́мо.
Fahren Sie rechts und dann links.	Поверни́те напра́во, а пото́м езжа́йте нале́во.

Small-Talk:

Hallo!	Привéт!
Wie heißt du?	Как тебя́ зову́т?
Ich heiße Maria.	Меня́ зову́т Мари́я.
Mein Name ist...	Моё и́мя
Schön dich kennenzulernen.	Прия́тно познакóмиться.
Schön dich zu sehen.	Рад ви́деть тебя́.
Lange nicht gesehen!	Давнó не ви́делись!
Was ist los?	В чём дéло?
Wie geht es dir?	Как у тебя́ делá?
Mir geht es gut.	У меня́ всё хорошó.
Gut, Danke.	Хорошó, спаси́бо.
Wie war dein Tag?	Как прошёл твой день?
Wie war deine Woche?	Как прошлá твоя́ недéля?
Wie war dein Wochenende?	Как прошли́ твой выходны́е?
Wie war es im Urlaub?	Как прошёл твой óтпуск?
Woher kommst du?	Откýда ты?
Ich komme aus Deutschland.	Я из Гермáнии.
Was machst du beruflich?	Кто ты по профéссии?
Ich arbeite als...	Я рабóтаю...

Was hörst du für Musik?	Какую музыку ты слушаешь?
Was sind deine Hobbys?	Какие у тебя хобби?
Meine Hobbys sind...	Мой хобби...
Ich spiele Fußball.	Я играю в футбол.
Ich spiele Golf.	Я играю гольф.
Ich mache viel Sport.	Я много занимаюсь спортом.
Ich gehe gerne shoppen.	Я охотно хожу по магазинам.
Ich reise gerne.	Я охотно путешествую.
Ich koche gerne.	Я охотно готовлю.
Ich fahre Motorrad.	Я езжу на на мотоцикле.
Das ist super.	Это супер.
Gehst du heute Abend auf die Party?	Ты идёшь сегодня на вечеринку?
Möchtest du...?	Хочешь...?
Ich denke, dass...	Я думаю, что...
Meiner Meinung nach...	По моему мнению ...
Du hast Recht.	Ты прав.
Bist du dir sicher?	Ты уверен?
Meinst du...?	Ты имеешь в виду...?
Kann ich dir helfen?	Могу я тебе помочь?
Ich brauche Hilfe.	Мне нужна помощь.
Gut gemacht!	Молодец!

Das war nicht gut.	Это бы́ло нехорошо́.
Ich verstehe.	Я понима́ю.
Ich verstehe nicht.	Я не понима́ю.
Es sieht aus, als würde es gleich regnen.	Похо́же, что ско́ро бу́дет дождь.
Schönes Wetter, nicht wahr?	Хоро́шая пого́да, не пра́вда ли?
Du siehst toll aus!	Ты отли́чно вы́глядишь!
Mir gefallen deine Klamotten!	Мне нра́вится твоя́ оде́жда!
Mir gefällt deine Frisur!	Мне нра́вится твоя́ причёска!
Treibst du viel Sport?	Ты мно́го занима́ешься спо́ртом?
Was hast du für ein Auto?	Кака́я у тебя́ маши́на?
Möchtest du etwas trinken?	Ты хо́чешь что-нибу́дь вы́пить?
Möchtest du etwas essen?	Ты хо́чешь что-нибу́дь пое́сть?
Ich möchte etwas trinken.	Я хочу́ что-нибу́дь вы́пить.
Ich möchte etwas essen.	Я хочу́ что-нибу́дь пое́сть.
Ich möchte die Stadt erkunden.	Я хочу́ иссле́довать го́род.
Ich habe Hunger.	Я го́лоден.

Ich habe Durst.	Я хочу́ пить.
Wo gehst du hin?	Ты куда́ идёшь?
Wo wollen wir hin?	Куда́ мы пойдём?
Wo treffen wir uns?	Где мы встре́тимся?
Was wollen wir machen?	Что мы бу́дем де́лать?
Was ist der Plan?	Како́й план?
Wann hast du Zeit?	Когда́ у тебя́ есть вре́мя?
Ich kann am Samstag.	Я могу́ в суббо́ту.
Wie lange hast du Zeit?	Ско́лько у тебя́ вре́мени?
Tut mir leid, ich muss los.	Прости́те, мне ну́жно идти́.
Wir sehen uns.	Уви́димся.
Bis dann.	До встре́чи.

Alles rund ums Essen:

Einen Tisch für vier Personen, bitte.	Столик на четверых, пожалуйста.
Die Speisekarte bitte.	Меню, пожалуйста.
Was können Sie empfehlen?	Что вы можете порекомендовать?
Guten Appetit!	Приятного аппетита!
Frühstück	завтрак
Mittagessen	обед
Abendessen	ужин
Ich nehme...	Я возьму...
Wo sind die Toiletten?	Где туалеты?
Fisch	рыба
Lachs	лосось
Forelle	форель
Scholle	камбала
Kabeljau	треска
Hering	сельдь
Makrele	скумбрия
Thunfisch	тунец
Tintenfisch	каракатица
Fleisch	мясо
Rindfleisch	говядина
Schweinefleisch	свинина
Hühnerfleisch	куриное мясо
Lammfleisch	баранина
Hackfleisch	фарш

Salami	саля́ми
Schinken	ветчина́
Brot	хлеб
Brötchen	бу́лочка
Baguette	францу́зский баге́т
Teig	те́сто
Salat	сала́т
Obst	фру́кты
Apfel	я́блоко
Aprikose	абрико́с
Birne	гру́ша
Brombeere	ежеви́ка
Erdbeere	клубни́ка
Heidelbeere	черни́ка
Himbeere	мали́на
Johannisbeere	сморо́дина
Kirsche	ви́шня
Pflaume	сли́ва
Gemüse	о́вощи
Gurke	огуре́ц
Tomate	помидо́р
Chinakohl	кита́йская капу́ста
Erbse	горо́х
Kartoffeln	карто́фель
Kräuter	тра́вы
Kürbis	ты́ква

Möhre	морко́вь
Pilz	гриб
Rosenkohl	брюссе́льская капу́ста
Radieschen	реди́ска
Rotkohl	краснокоча́нная капу́ста
Spargel	спа́ржа
Paprika	пе́рец
Zucchini	цуки́ни
Brokkoli	бро́кколи
Weißkohl	белокоча́нная капу́ста
Blumenkohl	цветна́я капу́ста
Champignon	шампиньо́н
Bohne	фасо́ль
Mais	кукуру́за
Zwiebel	лук
Suppe	суп
Schnitzel	шни́цель
Rumpsteak	ромште́кс
Pommes frites	карто́фель фри
Nudeln	вермише́ль
Spaghetti	спаге́тти
Knödel	клёцка
Pizza	пи́цца
Milch	молоко́
Käse	сыр

Quark	творо́г
Sahne	сли́вки
Butter	ма́сло
Joghurt	йо́гурт
Wasser	вода́
Cola	ко́ла
Wein	вино́
Bier	пи́во
Kaffee	ко́фе
Tee	чай
Nachtisch	десе́рт
Kellner	официа́нт
reservieren	резерви́ровать
Trinkgeld	чаевы́е
lecker	вку́сный
heiß	горя́чий
kalt	холо́дный

Tiere:

Hund	соба́ка
Katze	ко́шка
Löwe	лев
Tiger	тигр
Reh	косу́ля
Hirsch	оле́нь
Wolf	волк
Fuchs	лиси́ца
Affe	обезья́на
Braunbär	бу́рый медве́дь
Elefant	слон
Schildkröte	черепа́ха
Ameise	мураве́й
Käfer	жук
Amsel	чёрный дрозд
Adler	орёл
Fliege	му́ха
Mücke	кома́р
Biene	пчела́
Hummel	шмель
Maus	мышка
Ratte	кры́са

Alles rund ums Geld:

bezahlen	плати́ть
kaufen	купи́ть
verkaufen	продава́ть
Geld	де́ньги
Bargeld	нали́чные
Wechselgeld	разме́нные де́ньги
Bankkonto	ба́нковский счёт
Währung	валю́та
Konto	счёт
Kontoauszug	вы́писка из счёта
Einnahmen	дохо́д
Ausgaben	расхо́ды
Schulden	долги́
Rechnung	счёт
Geldautomat	банкома́т
Kleingeld	ме́лочь
Portemonnaie	кошелёк
Taschengeld	карма́нные де́ньги
Preis	цена́
Angebot	предложе́ние
günstig	вы́годный
billig	дешёвый

Für den Notfall:

Arzt	врач
Notarzt	дежу́рный врач
Polizei	поли́ция
Krankenwagen	ско́рая по́мощь
Rettungsdienst	спаса́тельная слу́жба
Hilfe!	на по́мощь!
Krankenhaus	больни́ца
Apotheke	апте́ка
Medizin	лека́рство
Tabletten	табле́тки
Schmerz	боль
Kopf	голова́
Gesicht	лицо́
Wange	щека́
Lippe	губа́
Kinn	подборо́док
Kiefer	че́люсть
Hals	ше́я
Nacken	заты́лок
Schulter	плечо́
Brust	грудь
Ellbogen	ло́коть
Hand	рука́
Finger	па́лец

Bein	нога́
Knie	коле́но
Knöchel	лоды́жка
Fuß	ступня́
Auge	глаз
Nase	нос
Ohr	у́хо
Haut	ко́жа
Hüfte	бедро́
Knochen	кость
Bauch	живо́т
Blut	кровь
verletzen	поврежда́ть
Feuer	пожа́р
Unfall	ава́рия
Dieb	вор
stehlen	красть
Halt!	стой!
Notruf	э́кстренный вы́зов
Ich rufe die Polizei!	Я вы́зову поли́цию!
Rufen Sie einen Krankenwagen!	Вы́зовите ско́рую!
Ich habe Angst.	Я бою́сь.

Für Freizeitaktivitäten:

Freizeit	свобо́дное вре́мя
Freizeitaktivitäten	проведе́ние свобо́дного вре́ми
Stadtzentrum	центр го́рода
einkaufen	закупа́ть
Strand	пляж
Meer	мо́ре
Eintrittskarte	входно́й биле́т
Kino	кино́
Museum	музе́й
Theater	теа́тр
Bühne	сце́на
Supermarkt	суперма́ркет
essen	еда́
Bar (Theke)	бар
Barkeeper	ба́рмен
Diskothek	дискоте́ка
Happy Hour	вре́мя ски́док
Alkohol	алкого́ль
Vodka	во́дка
Schnaps	шнапс
betrunken	пья́ный
nüchtern	тре́звый
Hobby	хо́бби

Verein	общество
Sport machen	занима́ться спо́ртом
Fußball spielen	игра́ть в футбо́л
Musik hören	слу́шать му́зыку
basteln	мастери́ть
zeichnen	рисова́ть
angeln	рыбачить
spazieren	гуля́ть
kochen	гото́вить
feiern	пра́здновать
Massage	масса́ж
Radfahren	е́здить на велосипе́де
Brettspiel	насто́льная игра́
Würfel	ку́бик
Kartenspiel	игра́ в ка́рты
Puzzle	пазл
Sehenswürdigkeiten	достопримеча́тельность
oben	наверху́
unten	внизу́

Die Zahlen:

0	ноль
1	один
2	два
3	три
4	четы́ре
5	пять
6	шесть
7	семь
8	во́семь
9	де́вять
10	де́сять
11	оди́ннадцать
12	двена́дцать
13	трина́дцать
14	четы́рнадцать
15	пятна́дцать
16	шестна́дцать
17	семна́дцать
18	восемна́дцать
19	девятна́дцать
20	два́дцать
21	два́дцать один
22	два́дцать два
23	два́дцать три
24	два́дцать четы́ре
25	два́дцать пять
26	два́дцать шесть

27	два́дцать семь
28	два́дцать во́семь
29	два́дцать де́вять
30	три́дцать
31	три́дцать один
32	три́дцать два
33	три́дцать три
34	три́дцать четы́ре
35	три́дцать пять
40	со́рок
45	со́рок пять
50	пятьдеся́т
60	шестьдеся́т
70	се́мьдесят
80	во́семьдесят
90	девяно́сто
100	сто
150	сто пятьдеся́т
200	две́сти
300	три́ста
400	четы́реста
500	пятьсо́т
600	шестьсо́т

1. Vokabel-Aufgaben

Verbinde die russischen Vokabeln mit ihrer Übersetzung. Die Buchstaben ergeben zwei Wörter!

100	пляж (U)
Strand	де́ньги (E)
Fuß	дорого́й (G)
Arzt	врач (E)
Kopf	сто (S)
teuer	ступня́ (P)
Geld	голова́ (R)
günstig	вермише́ль (H)
Bargeld	до встре́чи (T)
Hund	вы́годный (M)
Nudeln	соба́ка (C)
Bis dann	нали́чные (A)

Lösungswort:

_ _ _ _ _   _ _ _ _ _ _ _

Auflösung:

100	сто (S)
Strand	пляж (U)
Fuß	ступня́ (P)
Arzt	врач (E)
Kopf	голова́ (R)
teuer	дорого́й (G)
Geld	де́ньги (E)
günstig	вы́годный (M)
Bargeld	нали́чные (A)
Hund	соба́ка (C)
Nudeln	вермише́ль (H)
Bis dann	до встре́чи! (T)

Lösungswort:

SUPER GEMACHT

Verbinde die russischen Vokabeln mit ihrer Übersetzung. Die Buchstaben ergeben zwei Wörter!

Preis	официа́нт (S)
Trinkgeld	ры́ба (S)
Kellner	десе́рт (H)
Wasser	чаевы́е (U)
heiß	вода́ (S)
Fisch	у́жин (C)
Abendessen	горя́чий (I)
Nachtisch	цена́ (R)
Polizei	мя́со (N)
Bein	поли́ция (L)
kaufen	чёрный (N)
Fleisch	купи́ть (R)
Sommer	лето (E)
schwarz	нога́ (E)

Lösungswort:

_ _ _ _ _ _ _ _ _ _ _ _ _ _

Auflösung:

Preis	цена́ (R)
Trinkgeld	чаевы́е (U)
Kellner	официа́нт (S)
Wasser	вода́ (S)
heiß	горя́чий (I)
Fisch	ры́ба (S)
Abendessen	у́жин (C)
Nachtisch	десе́рт (H)
Polizei	поли́ция (L)
Bein	нога́ (E)
kaufen	купи́ть (R)
Fleisch	мя́со (N)
Sommer	лето (E)
schwarz	чёрный (N)

Lösungswort:

RUSSISCH LERNEN

Verbinde die russischen Aussagen mit ihrer Übersetzung. Die Buchstaben ergeben zwei Wörter!

Wie geht es dir?	Добрый день (U)
Guten Tag	да (T)
Ja	Счёт, пожáлуйста (R)
Bis morgen	ты увéрен? (A)
Bist du dir sicher?	до зáвтра (E)
Die Rechnung bitte	как ты поживáешь? (G)
Wie heißt du?	рюкзáк (I)
Schön dich zu sehen.	Как тебя зовут? (B)
Rucksack	Который час? (T)
Wie spät ist es?	Рад видеть тебя. (E)

Lösungswort:

_ _ _ _   _ _ _ _ _ _

Auflösung:

Wie geht es dir?	как ты поживáешь? (G)
Guten Tag	Добрый день (U)
Ja	да (T)
Bis morgen	до зáвтра (E)
Bist du dir sicher?	ты увéрен? (A)
Die Rechnung bitte	Счёт, пожáлуйста (R)
Wie heißt du?	Как тебя зовут? (B)
Schön dich zu sehen.	Рад видеть тебя. (E)
Rucksack	рюкзáк (I)
Wie spät ist es?	Который час? (T)

Lösungswort:

GUTE ARBEIT

VOKABELN FÜR DIE KURZGESCHICHTE

In den folgenden Kapiteln wird dir eine Kurzgeschichte auf Russisch erzählt. Du solltest hierfür schon einige Sprachkenntnisse besitzen, um in der Lage zu sein die Geschichte zu verstehen. Wenn du möchtest, kannst du dir auch die russische Kurzgeschichte unter **https://bit.ly/2UbBGhf** vorlesen lassen.

Direkt im Anschluss an die russische Geschichte findest du die deutsche Übersetzung. Hier kannst du überprüfen, ob du alles richtig verstanden hast. Um dir das Verständnis zu erleichtern und deinen Wortschatz zu erweitern, findest du auf den nächsten Seiten zunächst eine Vokabelliste mit relevanten Vokabeln für die Kurzgeschichte. Auch diese Vokabeln findest du in unserem Hördateien-Ordner.

Viel Spaß!

Liebe	любо́вь
Flügel	крыло́
Menschen	лю́ди
Religion	рели́гия
Student	студе́нт
Gedanke	мысль
Wetter	пого́да
Plan	план
Universität	университе́т
Sprache	язы́к
Kultur	культу́ра
Zentrum	центр
Hauptstadt	столи́ца
Kathedrale	кафедра́льный собо́р
Austauschprogramm	програ́мма по обме́ну
Leidenschaft	страсть
Visum	ви́за
pünktlich	пунктуа́льный
Tasse	ча́шка
Dokument	докуме́нт
Laptop	ноутбу́к
Sonne	со́лнце
Beginn	нача́ло
Luft	во́здух
Gemälde	карти́на
funktionieren	функциони́ровать
Geschichte	исто́рия

multinational	многонациона́льный
Staat	госуда́рство
Einwanderer	переселе́нец
Tunnel	тунне́ль
Großstadt	большо́й го́род
Menschenmassen	толпа́ люде́й
eilig	спе́шный
arbeiten	рабо́тать
Angst	страх
Sinn	смысл
Buchstabe	бу́ква
sprechen	говори́ть
Sprachkenntnisse	зна́ние языка́
Dialekt	диале́кт
Fremdsprache	иностра́нный язы́к
Treppe	ле́стница
Stockwerk	эта́ж
Bildung	образова́ние
Wissenschaft	нау́ка
Universitätsverwaltung	администра́ция университе́та
notwendig	необходи́мо
Registrierung	регистра́ция
Hörsaal	лекцио́нный зал
Vortrag	докла́д
Kunst	иску́сство
studieren	учи́ться
dickköpfig	упря́мый
Entscheidung	реше́ние

Dozent	доце́нт
Energie	эне́ргия
Publikum	слу́шатели
Porträtmaler	портрети́ст
Kunstgeschichte	исто́рия иску́сства
Weltruhm	мирова́я сла́ва
Künstler	арти́ст
Expressionisten	экспрессиони́сты
Sammlung	колле́кция
Werk	тво́рчество
Heimweh	тоска́ по ро́дине
Bekannte	знако́мые
Gruppe	гру́ппа
international	интернациона́льный
Abend	ве́чер
Natur	приро́да
Blatt	лист
Baum	де́рево
Kind	ребёнок
Held	геро́й
Magie	ма́гия
Atmosphäre	атмосфе́ра
lebendig	живо́й
Farbe	цве́т
wundervoll	чуде́сный
Brise	бриз
Boden	земля́
Teppich	ковёр
Frieden	мир

Wolke	о́блако
Himmel	не́бо
Spaziergang	прогу́лка
Landschaft	пейза́ж
Park	парк
Wochenende	выходны́е
Kreativität	тво́рчество
fotografieren	фотографи́ровать
Filzstift	флома́стер
Papier	бума́га
berühmt	знамени́тый
Haus	дом
Bonbon	конфе́та
Bank	скамья́
Mädchen	де́вочка
Haare	во́лосы
Mantel	пальто́
Silhouette	силуэ́т
Buch	кни́га
Studentenzimmer	студе́нческая ко́мната
Zeichnung	рису́нок
geheimnisvoll	таи́нственный
Unbekannter	незнако́мец
Party	вечери́нка
Nachtleben	ночна́я жизнь
Club	клуб
Architektur	архитекту́ра
Korridor	коридо́р

Stift	каранда́ш
geheimnisvolle Unbekannte	таи́нственная незнако́мка
Moment	моме́нт
leider	к сожале́нию
Schönheit	красота́
Lächeln	улы́бка
Handgelenk	запя́стье
kaputt	разби́тый; сло́манный
Stimme	го́лос
beeilen	торопи́ться
Seelenverwandter	ро́дственная душа́
Herz	се́рдце
kennen	знать
Nachname	фами́лия
Telefonnummer	но́мер телефо́на
Flur	коридо́р
übersehen	не замеча́ть
aufgeben	сдава́ться
Prüfung	экза́мен
Prüfungsvorbereitung	подгото́вка к экза́мену
lernen	учи́ть
Bibliothek	библиоте́ка
Zulassung	разреше́ние
Frage	вопро́с
Antwort	отве́т
Notiz	за́пись

Prüfungsticket	экзаменацио́нный биле́т
Hilfestellung	по́мощь
modellieren	модели́ровать
Note	оце́нка
schlaflose Nacht	бессо́нная но́чь
bestehen	существова́ть
Schneeflocke	снежи́нка
Temperatur	температу́ра
Mütze	ша́пка
Schal	шарф
Handschuhe	перча́тки
Weihnachten	рождество́
Weihnachtsbaum	рожде́ственская ёлка
Heiligabend	рожде́ственский соче́льник
Geschenk	пода́рок
Silvester	нового́дний ве́чер
Kirche	це́рковь
Heimatland	ро́дина
einschlafen	засыпа́ть
Jacke	ку́ртка
Haltestelle	остано́вка
klingeln	звони́ть
Fenster	окно́
Schicksal	судьба́
Mut	сме́лость
träumen	мечта́ть
Anruf	звоно́к

Treffen	встре́ча
Blume	цвето́к
Rose	ро́за
Zettel	запи́ска
Frühlingstag	весе́нний день
bunt	разноцве́тный
Blumenstrauß	буке́т
Treffpunkt	ме́сто встре́чи
Locken	ку́дри
schön	краси́вый
Einwohner	жи́тель
Träne	слеза́
Seele	душа́
warten	жда́ть
nehmen	брать
alleine	оди́н
leicht	лёгкий
langsam	ме́дленный
denken	ду́мать
Vorfreude	ра́достное ожида́ние
Thema	те́ма

KURZGESCHICHTE RUSSISCH

Таинственная незнакомка

Как часто мы говорим "Я тебя люблю" тем, кого мы любим? Три волшебных слова, от которых вырастают крылья за спиной, земля исчезает из-под ног и кружатся бабочки в животе. Миллионы людей на планете каждый день признаются друг другу в любви. Эти три слова объединяют людей разных религий и народов.

Я сижу один в своей маленькой студенческой комнате. Мне повезло, потому что найти комнату в мегаполисе Москва граничит с чудом. На часах 21:48. Мысли проносятся в моей голове. Погода плохая — дождь, ветер, на*термометре* плюс*11* градусов — осень показывает себя*нес*самой лучшей стороны.

Я мысленно перебираю планы на завтра — первый день в Московском университете.

Когда мне было 14 лет, я ездил с родителями на трехнедельный отпуск в Россию. Уже тогда я был очарован русским языком и русской культурой. Особенно хорошо мне запомнился один момент. На улице был прекрасный солнечный день. Мы стояли в самом центре столицы, на Красной площади. С северной стороны виднелся

Исторический музей, с юга смотрел на нас прекраснейший собор Покрова на Рву, в народе его называют храм Василия Блаженного. И конечно же Кремль – главная достопримечательность Москвы. Высота кремлевских стен достигает 20 метров и над ними возвышаются 20 башен. Архитектурное чудо! Это была любовь с первого взгляда. Я знал, что обязательно вернусь сюда снова. И вот спустя 8 лет я вернулся в Москву. Это стало возможным благодаря программе обмена в моем университете в Берлине. Когда я подавал заявку на программу обмена, я даже не ожидал, что меня примут. Но моё увлечение этой страной, моё желание выучить русский язык убедили жюри. И вот я здесь. Всё получилось! Мне дали визу, я получил комнату в студенческом общежитии и теперь могу целый год посещать Московский государственный университет. Завтра мой первый день. Я взволнован. Университет находится в восьми остановках от студенческого общежития. Завтра утром я поеду на метро. Надеюсь, что не заблужусь и приеду вовремя.

Первый день

Шесть часов утра – звон будильника. Отдохнувшим я себя не чувствую. Но мне нужно вставать. На улице ещё темно, но слышно, как уже ездят первые машины. Я готовлю себе большую чашку кофе, она мне сейчас очень нужна. Я плохо спал и несколько раз просыпался – волнуюсь. Как пройдет сегодняшний день? Я взял все документы и ноутбук. Пора идти.

Первые лучи восходящего солнца освещают мне дорогу. Пробуждение природы – это волшебное событие, которое переполнено таинственностью и загадочностью. Рассвет – это начало нового дня, иногда даже начало новой жизни.

Свежий, прохладный, утренний воздух кажется мне весьма приятным. До ближайшей станции метро 10 минут пешком. Московский метрополитен – мне кажется, что в мире нет более красивого метро. Во всём городе находятся красивые станции с люстрами и картинами, на которых изображены исторические герои. Под землёй целая своя жизнь. 15 мая 1935 года было открыто метро в Москве. А теперь трудно представить, как могла бы жить столица без него. Московское метро – это гордость столицы. Ежедневно миллионы людей пользуются его услугами. Каждая станция метрополитена имеет свой особый архитектурный облик, который тесно связан с историей и культурой данного района города.

И вот я на станции метро. Толпы людей движутся в разные стороны. Так много всего происходит – город живёт. Люди едут на работу, в школу, в университет. У каждого впереди свой день, свои планы и трудности. В метро можно увидеть разных людей. Россия – многонациональное государство, в котором проживают представители более 160 разных народов. Россия — вторая по значимости иммиграционная страна в мире. В 2019 году в России было около 11,6 миллиона иммигрантов, что составляет 8 % населения. Иммигранты приезжают в основном из бывших советских республик Средней Азии и Кавказа, но также все в большей степени из Африки и Азии. И это так интересно.

Мое метро мчится по туннелям большого города. Приятный женский голос объявляет: Станция метро "Университет". Здесь мне нужно выходить.

Так много студентов вокруг, я ошеломлен. Как настоящий берлинец, я привык к большим скоплениям людей, но по сравнению с Москвой, Берлин небольшой город. Все люди куда-то спешат, торопятся на работу, торопятся жить, боятся что-то не успеть, или куда-то опоздать. Суета — это смысл нашей жизни?

Я двигаюсь вместе с толпой, надеясь, что направление правильное. Русский язык слышится со всех сторон. Русский — красивый, но очень сложный язык. Много лет назад я учил 33 буквы русского алфавита. Я даже представить себе не мог, что когда-то буду понимать и даже говорить на этом сложном языке. Говорить всегда труднее, чем понимать — так во всех языках. Но практика ведет к совершенству. Чем больше я говорю, тем лучше получается. Я надеюсь, что после года пребывания в России мои языковые навыки значительно улучшатся. В русском языке есть ещё и диалекты. Однако различия невелики и все говорящие на диалекте могут понимать друг друга. Не то что в Германии. Берлинец не обязательно сможет понять кого-то из Баварии. Для меня баварский диалект почти как иностранный язык.

Я поднимаюсь по длинной лестнице и снова чувствую свежий утренний воздух. На улице уже светло, сегодня будет прекрасный осенний день. Передо мной возвышается главное здание Московского государственного университета. Его высота — 183,2 метра. 32 этажа наполненных знаниями и историей. Московский государственный университет (МГУ) имени М. В. Ломоносова был основан в 1755 году, что делает его старейшим университетом России. Сегодня это ведущий центр российского образования, науки и культуры. Здесь представлены все дисциплины. В настоящее время в МГУ обучается более 40000 молодых людей, в том числе более 2000 иностранных студентов из разных стран мира — я один из них.

Дама из администрации университета была очень милой и отзывчивой. Регистрация и заполнение всех необходимых документов прошли без проблем. Теперь я готов к увлекательному и поучительному году в российском университете. Найти лекционный зал, где проходила первая лекция, не составило труда. Все залы хорошо обозначены. Меня ждала первая лекция "История русского искусства".

Ах да, я уже упоминал, что изучаю искусство? Мне оно всегда нравилось. Когда я тогда решил пойти учиться на факультет искусств, мои родители были не в восторге.

"Ты не сможешь прокормить себя и свою будущую семью искусством", – говорили они.

Все меня от этого отговаривали. Но я упрямый. Теперь, два года спустя, я могу с уверенностью сказать, что это было правильное решение. Искусство – это моя жизнь. А в жизни нужно заниматься тем, что нравится. Это единственный способ быть счастливым. Я в этом убеждён. Лектор, господин Потапов, увлечённо рассказывал историю русского искусства почти 90 минут. Энергия, которую он излучал, переносила всю аудиторию в другой мир. Аудитория была небольшая, примерно 70 человек.

Господин Потапов с энтузиазмом рассказал о Карле Брюллове и его всемирно известной работе "Последний день Помпеи". Карл Брюллов является одним из самых значительных русских портретистов в истории русского искусства. Он родился в семье с французскими и немецкими корнями. Он много путешествовал по Европе, но большую часть жизни провёл в великолепной Италии. Мировую известность ему принесла его работа "Последний день Помпеи" — картина в длину 6,5 метров, в которой он изобразил всю драму падения города. Картина была выставлена впервые ⬜⬜в Риме и уже тогда произвела фурор. Потом она переехала в Лувр в Париж, где в 1834 году она даже получила первую премию Парижского салона. Позднее она была подарена российскому царю Николаю I и сейчас находится в знаменитом Русском музее в Санкт-Петербурге.

После небольшой передышки господин Потапов продолжил свой рассказ: "Еще один из самых известных художников — Василий Кандинский – изобретатель абстракции. Он всегда жил между Россией, Германией и Францией. Его самые большие успехи связаны с Мюнхеном. Там он окончил художественную академию, собрал самых выдающихся экспрессионистов в группу художников "Blauer Reiter". Затем он организовал свою первую выставку и начал преподавать в художественной школе. Позже Василий Кандинский отправился в "Berliner Bauhaus-Archiv" - музей дизайна. Лучшую в мире коллекцию его педагогических работ все еще можно увидеть в Мюнхенском музее."

Когда я услышал "Berliner Bauhaus-Archiv", я вспомнил о своей родине. Мне уже несколько раз доводилось любоваться чудесными работами Василия Кандинского в Берлине. Я люблю работы Василия Кандинского и люблю Берлин. Теперь, когда я вспомнил о своей родине, во мне появилась тоска. Я скучаю по Берлину, скучаю по семье, по своим друзьям. Что меня ожидает в красивой, но чужой стране в этом году?

Последующие лекции "Дизайн интерьера" и "Арт-дизайн" тоже были очень интересными. Я понимаю не всё, что говорят преподаватели, но большую часть. Преподаватели знают, что некоторые студенты приезжают из-за границы и не так хорошо владеют русским языком. Поэтому они стараются говорить не слишком быстро и четко. В перерывах я даже смог завести несколько первых знакомств. Сегодня я познакомился с четырьмя другими иностранными студентами. Одна молодая девушка из Швеции. А другие три студента приехали из Финляндии, Италии и далёкого Марокко. Я думаю, это здорово, что группа интернациональная. Мы можем говорить об искусстве на интернациональном уровне и обменяться опытом. Так мы открываем для себя новые перспективы и узнаем много нового.

Осенний пейзаж

Первый день пролетел незаметно. Полный впечатлений я отправился домой. День был солнечный. Погода была совершенно противоположной вчерашнему вечеру.

Редко бывает природа такой красивой, как золотой осенью. Листья на деревьях из зеленых перекрашиваются в самые разные оттенки золотого, ярко-красного и оранжевого. Великолепие осенних листьев очаровывало меня уже в детстве. Осень – очень хорошее время года. Когда я иду по улице, то чувствую себя героем красивой сказки. Шуршание листьев под ногами создаёт ощущение волшебства и таинственную атмосферу. Они словно живые, будто шепчутся о том, как всё изменилось. Как художник, природа раскрасила листья деревьев в разные цвета. Все деревья кажутся празднично и красиво наряженными. Яркие и очаровательные осенние краски заставляют забыть обо всем. От лёгкого ветерка листья на деревьях шелестят и падают на землю, покрывая её красивым красочным ковром. Солнечные лучи дарят нам прекрасное настроение и ощущение покоя и легкости. Они заряжают энергией и бодростью. На голубом и чистом небе нет ни одной тучки. Это действительно очень красивая пора, может быть, самая красивая в году. Многие художники особенно любят рисовать именно осенние пейзажи. Эта тема дает им самый богатый выбор красок. Прекрасная прогулка вдохновила меня нарисовать осенний московский пейзаж. Я отправился в парк Горького. Парк Горького – это самый посещаемый парк в Москве. В будние дни здесь проводят время около 40 тысяч человек, на выходных и по праздникам больше 250 тысяч. Парк является прекрасным местом для спорта, отдыха и творчества. Парк Горького был основан в 1928 году и находится в центре города, около берега Москвы-реки.В парке размером более 119 гектаров можно в любое время года найти красивые пейзажи для рисования. У меня очень много любимых увлечений. Я люблю ходить в кино, люблю читать и фотографировать. Но больше всего я люблю рисовать. Я начал рисовать, когда был ещё совсем маленьким. У меня было много фломастеров самых разных цветов и большое количество цветных карандашей. Мне нравилось изображать на белоснежной бумаге что-нибудь красивое – природу, животных и людей. В школе я посещал кружок рисования.

Я до сих пор хорошо помню свою учительницу по рисованию. Однажды в художественном кружке мы попытались воссоздать картину "Утро в сосновом лесу" самого известного художника России Иван Ивановича Шишкина. Это было непросто, но после многих часов работы – картина была нарисована – и мне кажется совсем даже неплохо. Эта картина у меня до сих пор висит в моей комнате в доме родителей.

Когда я был в отпуске с родителями в России, я был очень удивлён, когда увидел фрагмент картины "Утро в сосновом лесу" с тремя медведями на упаковке самых известных русских конфет "Мишка косолапый". И теперь, когда я вспомнил о шоколадных конфетах, мне пришло в голову, что я обещал своим родителям привезти из России эти конфеты.

Шум машин вырвал меня из моих мыслей. Перейдя улицу, я наконец-то добрался до парка Горького. Усевшись на холме, с которого открывался превосходный вид на осенний пейзаж, я достал из рюкзака блокнот для рисования и много цветных карандашей.

Голубое небо, яркое солнце и множество деревьев разных осенних цветов. Вдали виднеется скамейка, на которой сидит молодая девушка с длинными тёмно-каштановыми волосами и в красном плаще. Её лица я не вижу. Мой карандаш рисует её силуэт. С зажмуренными глазами пытаюсь распознать черты её лица — к сожалению, безуспешно. Она сидит слишком далеко. В руках она держит книгу. Интересно, что она читает? Захватывающий триллер, фантастику или может быть историю о вечной любви?

Время пролетело незаметно. Через час я закончил рисовать свой рисунок. Мне он нравится.

Собрав все вещи, я поспешил домой в свою маленькую, но уютную студенческую комнату.

Я повесил рисунок на белой стене в своей комнате. Атмосфера стала сразу уютнее.

Вечером я лежал в своей постели и думал о прошедшем дне. День был яркий — много новых впечатлений. Я устал, веки начали тяжелеть. Незадолго до того, как я погрузился в глубокий сон, я снова посмотрел на осенний рисунок: "Кто ты, таинственная незнакомка?"

Наша встреча

Я не успел оглянуться, как прошёл месяц. Дни пролетели незаметно, но далеко не бесследно.

У меня появилось много новых друзей, мои языковые навыки улучшились и я постепенно стал привыкать к жизни в Москве. Студенческая жизнь в России особо не отличается от немецкой. До обеда обычно идут лекции или практические занятия. После обеда студенты встречаются, чтобы повторить пройденный материал. Ну а вечером и на выходных проходят тысячи вечеринок — это важная часть студенческой жизни.

Яркая ночная жизнь Москвы с её бесчисленными клубами, барами и дискотеками подходит для всех любителей вечеринок. Москва известна своей бурной ночной жизнью. С наступлением темноты улицы и площади в центре города начинают заполняться и все пытаются занять места в самых известных клубах и ресторанах.

Но также не следует забывать о большом количестве театральных мероприятий и кинотеатров, которые регулярно заставляют сердца тех, кто интересуется культурой, биться быстрее. Особенно следует отметить Большой балетно-оперный театр и Московский цирк. Они считаются одни из самых лучших в мире. Москва многолика и разнообразна и мне нравится динамизм этого города. Стиль, архитектура, еда, мои новые друзья и наш небольшой круг художников. Обожаю Третьяковскую галерею и музей современного искусства "Гараж". В Москве много возможностей, а также много людей, которые меня вдохновляют.

Как говорят, студенческая жизнь самая прекрасная пора в жизни и я наслаждаюсь ею.

Однажды я шел по длинному коридору в университете, и мимо меня прошла молодая девушка. Я бы наверное её даже не заметил, но красный плащ пробудил во мне воспоминания. Обернувшись, я увидел её тёмно-каштановые волосы, которые примерно месяц назад рисовал коричневым карандашом в парке Горького. Это она – моя таинственная незнакомка.

Я обернулся, чтобы увидеть её лицо, но было поздно, она уже прошла мимо.

"Извините, вы можете сказать, который час?" в тот момент, к сожалению, я не мог придумать ничего лучшего.

Она обернулась. Её голубые глаза сияли и поразили меня своей красотой. Она улыбнулась мне и сказала: "Молодой человек, у Вас на запястье есть часы."

Я чувствовал, как мое лицо становится всё краснее и краснее.

"Мои часы сломаны" — ответил я тихим голосом.

Она улыбнулась мне ещё больше. Сейчас 12:15.

Она повернулась и хотела идти дальше.

"Могу я узнать, как Вас зовут?" — крикнул я ей вслед.

"Меня зовут Анна", ответила она, немного смутившись. "Пожалуйста, извините, мне нужно торопиться, иначе я опоздаю свою лекцию."

Красивой походкой она пошла дальше. А я остался стоять.

Мне кажется, когда встречаешь свою вторую половинку, то сердце подаёт сигнал о том, что этот человек — тот о котором ты всегда мечтал. В этот момент я знал, что это она — моя судьба.

В мире живёт около восьми миллиардов человек, трудно представить, что можно найти свою вторую половинку. Но все мои чувства говорят мне, что это она. Чувство, будто я знаю этого человека уже всю свою жизнь.

С того момента я думаю только о ней. Как мне снова её найти? Знаю только, что её зовут Анна. Я не знаю, как её фамилия и на каком факультете она учится. Её номера телефона у меня тоже нет.

Думай, думай, думай. Она, сказала, что спешит на лекцию. Так, сегодня четверг, и когда я спросил её, который час, она ответила 12:15. Это значит, что в четверг на следующей неделе она должна будет пройти в то же время по тому же коридору, что и сегодня! Моя голова работала как компьютер.

Неделя прошла быстро. И снова четверг. Полный предвкушения, я вернулся в тот же коридор, что и на прошлой неделе. Мои часы показывают 11:53. Пришло время ждать. Много студентов шли по коридору. Среди них я искал голубые глаза. Напрасно. Через час её всё ещё не было. Я её пропустил? Не увидел? Этого не может быть! Если бы она была там, я бы её точно узнал – даже без красного плаща.

Так текла неделя за неделей. И каждый четверг я был там, всё на том же месте. Надежда – её увидеть снова. Разочарование – потому что её снова не было.

Я спрашивал всех своих знакомых и друзей, знает ли кто-нибудь Анну с голубыми глазами. Но никто не мог мне помочь.

Время шло. Свою таинственную незнакомку я больше не видел.

Зимняя экзаменационная сессия

И вот стоит зимняя экзаменационная сессия на пороге — мои первые экзамены в России. Для моих сокурсников это уже привычное дело. Но для меня первые экзамены в русском университете — это нечто необычное и совершенно новое.

Сессия — волнительное событие в жизни студента. Я думаю, что первый экзамен будет самый трудный. Потом я уже буду знать, что меня ожидает. Во время сессии почти всё время уходит на подготовку к экзаменам, а всё остальное уходит на второй план. Студенты занимаются в библиотеке ежедневно с утра до позднего вечера.

Перед экзаменами сдаются зачёты. Зачет — это предварительная оценка и допуск к экзамену. Зачеты могут быть в виде письменных, устных или практических работ. Я очень рад, что мне удалось сдать все зачёты и теперь я допущен к экзаменам. В данный момент я готовлюсь к "Истории русского искусства" - это мой первый экзамен. Мой друг Сергей мне помогает, мы готовимся к экзаменам вместе. Мы с ним стараемся разделять вопросы. Мы готовим ответы на возможные вопросы пополам, а потом обмениваемся записями. Это очень помогает, потому что осилить одному так много материала в такой короткий срок практически невозможно.

Экзамен — это итоговая проверка знаний студента по конкретной дисциплине. Все экзамены проводятся в период экзаменационной сессии. Все студенты получают за три недели список вопросов. Количество вопросов примерно 100, которые потом будут разделены на экзаменационные билеты. Каждый билет содержит три вопроса. Преподаватели предлагают перед экзаменами консультации, где студенты могут задавать вопросы по пройденному материалу. На консультации желательно приходить и задавать вопросы - это очень помогает, так как именно этот преподаватель будет оценивать на экзамене мой ответ.

В этой сессии у меня пять экзаменов. Три экзамена будут проводиться в форме устного опроса. А другие два экзамена — практические: Рисование или пластика по реальной модели и произвольная композиция.

Результаты экзамена оцениваются по пятибалльной системе. Оценка объявляется сразу после экзамена. Система оценок в России другая, чем в Германии. Лучшая оценка — "5", но а худшая оценка "1". То есть с точностью наоборот.

Я очень старался, много учил и провел много бессонных ночей за книгами. И мои старания были вознаграждены, я успешно сдал все экзамены.

Зимние вечера

На улице уже зима. Белые снежинки кружатся на белых улицах Москвы. Раньше я был убеждён, что Россия — это страна, где всегда холодно. Но это не так. Погода в России сильно различается между летом и зимой, и это делает её совершенно уникальной страной. В Москве, например, температура может подниматься от -25 °C зимой до более 30 °C летом. Сейчас на улице февраль. Сегодня около -8 °C. Средняя температура в Москве летом составляет 19 °C, а зимой средняя температура составляет -6 °C, но обычно опускается до -10 °C. Но проблема не в погоде, а в правильной одежде. Чтобы не замерзнуть, нужна тёплая шапка, хорошее пальто, шарф, перчатки и ботинки для снега.

Мне нравится зима, под ногами хрустит снег, вокруг всё бело и свежо. Голые деревья укутались снежным покрывалом. Приятно смотреть, как дети катаются с горок и веселятся в снегу. Реки и озёра покрылись льдом. Зимний пейзаж всегда очень прекрасный.

Людей на улицах меньше, нет такого туристического потока как летом. Я люблю зимними вечерами сидеть у окна и смотреть за падающими снежинками. Это необычайно красиво!

Год моего обмена идёт дальше. Почти половина времени уже прошло. Я уже привык к русской студенческой жизни. На рождественских каникулах я навещал свою семью в Берлине. Я был очень рад её снова увидеть. Мы вместе отметили Рождество с вкусной едой и красивыми подарками.

В России Новый Год 31 декабря. Все семьи празднуют и пируют под украшенной ёлкой. Традиционно готовят аппетитные пельмени с начинкой из мясного фарша. Вся семья собирается вместе на кухне и лепит вкусные пельмени. Дети ждут полуночи и прихода Деда Мороза или того, чтобы им разрешили открыть подарки, которые лежат под ёлкой. Все празднуют вместе, поют, танцуют и весело проводят время.

Сочельник (Der Heiligabend) празднуется в России верующими христианами 6 января. В Германии мы этот день называем "Святыми тремя королями" и в некоторых федеральных землях он является государственным праздником. В России 6 января многие люди ходят в церковь на мессу. 7 января отмечается первый день Рождества Христова. В этот день также заканчивается пост. Поскольку большинство россиян дарят друг другу подарки на Новый Год, на Рождество в России подарков обычно не бывает. В день Рождества, 7 января, люди ещё раз идут в церковь на раннюю мессу, а затем празднуют этот день со своими семьями.

Я долго думал, встречать ли Рождество и Новый Год в Москве. Но я решил снова увидеть свою семью. Для меня было хорошо вернуться на родину и снова увидеть своих близких. Я за ними очень соскучился.

В кругу своей семьи я смог отдохнуть и восстановить силы. Это тоже помогло мне успешно сдать все экзамены. У меня всё хорошо. Но вот только одно не даёт мне покоя. Я всё ещё не могу забыть мою таинственную незнакомку.

Долгожданная встреча

Иногда бывают просто плохие дни. Всё идет как то не так и ничего не получается. Вот сегодня такой день. Мой будильник не зазвонил, или я просто проигнорировал его звонок — не знаю. В любом случае я проспал. Проснувшись на час позже обычного, на завтрак времени уже не было. Но я никогда не выхожу из дома не выпив кофе. Пару минут на чашку кофе я себе позволю! Ну если день начинается плохо, то всё идет не так. Действительно всё! В спешке я пролил кофе на ноутбук. О нет! Я быстро вытер стол, схватил куртку в руки и побежал на остановку.

Мой автобус уехал прямо перед моим носом. Сегодня не мой день! Столько всяких приключений со мной давно не бывало!

Когда я приехал в университет, то заметил, что забыл свой рюкзак со всеми книгами дома. Сегодня точно не мой день! Ну хоть кошелёк у меня был с собой, он лежал в кармане моей куртки. После лекций я отправился домой. Это был один из тех ужасных, стрессовых дней — сегодня я даже не успел выпить кофе и перекусить. Мне нужно сделать перерыв. Мне нужена пауза, может тогда всё уляжется.

Я увидел на улице небольшое кафе. Когда я подошёл к кафе, запах кофе пробудил во мне желание — я сейчас побалую себя чашкой вкусного капучино. Ведь сегодня утром с моим кофе ничего не вышло. Интересно, а мой ноутбук всё ещё работает?
В кафе было не так уж много людей. Я сел за маленький столик, махнул официанту и сделал свой заказ. И вот сидя с чашкой капучино в руке, я наслаждаюсь минутой отдыха. Вдруг в тишине звенит телефон. Я смотрю туда, откуда доносится звук.

В углу, за столиком сидит молодая девушка. Её длинные тёмно-каштановые волосы сияют в лучах солнца, которые проникаю через большое окно в маленькое уютное кафе. Её лица я не вижу, она сидит ко мне спиной.

Телефон продолжает звонить. Девушка роется второпях в её сумочке и ищет мобильный телефон. С видимым облегчением она быстро хватает мобильник и отвечает: "Алло, говорит Анна."

Анна? Тёмно-каштановые волосы и её зовут Анна – это должна быть она! Но я не думаю, что мне так повезло, особенно в такой плохой день, как сегодня.

Что же мне делать? Подойти к ней? Поговорить с ней? А что, если это не она?

Она продолжает говорить по мобильному. С кем она разговаривает? Может быть с её парнем? А что, если у неё уже есть отношения? Тысяча мыслей проносятся в моей голове.

Я смотрел на неё с замиранием сердца. Её голос, её жесты – всё это так красиво. Я вел взглядом по её волосам. Мне нужно обязательно увидеть её лицо.

В моей голове возникал один вопрос: Почему столь прекрасная девушка пьёт кофе в одиночестве?

Но сегодня я тоже совсем один в кафе. Может это наша судьба, что мы встретились сегодня? Я один, и она одна. Возможно, она ждет кого-то, возможно меня?

Когда я увидел, что она собирается уходить, я набрался смелости, подошёл к ней и сказал: "Здравствуйте, Анна!"

Она обернулась и удивленно посмотрела на меня её глубокими синими, как море глазами.

"Привет, мы знакомы?"

Потом была тишина.

В её глазах я увидел, что она меня узнала.

"Вы, наверное, хотите ещё раз спросить, который час?" Она засмеялась.

"Нет, у меня на запястье есть часы. Но Вы всё равно можете мне сказать сколько время. Я был бы очень рад. Меня зовут Макс."

Мы просидели в этом маленьком кафе более двух часов и понимали друг друга с полуслова. Какая-та необыкновенная связь установилась между ними с самого начала — родственные души, которые способны читать друг друга, словно открытую книгу.

Мы обменялись номерами телефонов. И я проводил ее до следующей остановки метро.

День начался так плохо, а теперь я был самым счастливым человеком в мире. Вернувшись домой, я посмотрел на картину с осенним пейзажем и девушкой, которая сидела на скамейке в красном плаще и читала книгу. Я знаю – это судьба, что мы встретились снова.

Наше свидание

Следующий день – суббота. Моя первая мысль в это солнечное утро была об Анне. Мне всё это приснилось? Нет, конечно, нет. Я порылся в кармане куртки. Записка с её номером телефона меня невероятно обрадовала. Позвонить мне ей прямо сейчас или ещё подождать немного? Нет! Я не могу больше ждать. Я хочу увидеть её снова.

Я беру трубку телефона и набираю её номер.

"Алло, Анна? Это я, Макс. Как у тебя дела?"

"Привет Макс, у меня всё отлично. А как у тебя дела?"

По её голосу я понял, что она была рада моему звонку.

"Я очень рад снова слышать твой голос. Я так по тебе скучаю, что ни о чём другом не могу думать."

"Знаешь, я тоже" – сказала она тихим голосом.

Эти слова были как бальзам на мою душу. Мое сердце забилось от счастья.

Мы долго разговаривали и решили встретиться сразу сегодня после обеда.

Я хотел порадовать Анну и поспешил в цветочный магазин. Многие юноши дарят своим возлюбленным на свиданиях цветы: ромашки, розы, хризантемы или лилии. Интересно какие цветы любит Анна больше всего? Наверно большинству девушек нравятся розы. Я решил подарить ей розы. Но какого цвета? Обычно зрелым женщинам дарят цветы темных оттенков - красные или бордовые. А юным девушкам - светлые, например белые или розовые.

Я купил большой весенний букет белых роз, приложил к нему свой рисунок осеннего пейзажа в Парке Горького и написал записку:

"Это наша первая встреча.

Когда тебя я вижу, то происходит волшебство.

Моё сердце бьётся, забывая про всё.

Я хочу с тобой быть рядом."

Собрав все свои вещи, я вышел на улицу. Этот день, изменит всю мою оставшуюся жизнь – я это знаю.

С момента нашей первой встречи в чудесном осеннем пейзаже Парка Горького, я думаю только о ней. И я всё ещё не могу поверить в это, но у нас сегодня будет свидание.

На улице был прекрасный весенний день. Приятно выйти на улицу, вдохнуть запах теплого ветерка и увидеть первых весенних птиц. Молодая зелень греется на тёплом солнышке. Деревья покрылись нежной зеленью. На чистом голубом небе ни единого облачка. По утрам ещё стоит небольшой мороз, но днём уже очень тепло. С наступлением весны наш мир становится красочным и ярким.

Весна дарит мне чувство радости и весеннее настроение. Приятное тепло и волнение разливается по моему телу. С букетом цветов и рисунком я иду в парк Горького. Там место нашей встречи. Она этого не знает, но мы знакомы уже полгода. Наша первая встреча была ещё осенью. И вот сегодня, в прекрасный весенний день, я спешу к ней на свидание с большим букетом цветов.

15:00 часов - наша встреча. Место встречи – памятник русскому писателю Максиму Горькому. Парк Горького – это всё-таки удивительное место, обладающее шармом и богатой историей. Там не только особый воздух и уникальная атмосфера. Каждый раз, когда я там, у меня возникает волшебное настроение.

Я жду. И вот идёт она - одета в красивое голубое платье. Её тёмно-каштановые локоны сверкают в лучах весеннего солнца. Её улыбка сногсшибательна – этот момент, я запомню навсегда. Я затаил дыхание и не мог поверить своим глазам - она такая красивая. Её голубые глаза, её волосы, её улыбка – я влюбился!

Если бы мне тогда срочно не понадобился кофе, мы бы никогда не встретились. Потому что вероятность встречи в городе с населением более 13 миллионов жителей граничит с чудом.

И вот она стоит передо мной. Когда мы посмотрели друг другу в глаза, мы поняли, что созданы друг для друга.

Когда мы увидели друг друга, как будто ударила молния. Мы обменялись несколькими словами, которые никто из нас не вспомнит, потому что через три минуты я поцеловал её.

Весна – это время любви, вдохновения и перемен. И я знаю, что моя жизнь сейчас меняется к лучшему – я нашёл девушку своей мечты.

Она погрузилась в мои объятия. С этого момента я был уверен, что не хочу отпускать её никогда.

Я подарил ей букет со своим рисунком. Мы пошли на долгую прогулку, я рассказал ей свою историю про осенний рисунок и как я искал её целых полгода. Солнечные лучи играют на нашей коже, и птицы радостно поют свою весеннюю песню.

Что означает быть счастливым человеком? В чем заключается счастье? Рано или поздно каждый человек задумывается об этих вопросах.

Сейчас я могу с уверенностью сказать, что я счастлив, я нашёл любовь всей своей жизни.

"Я никогда не отпущу тебя" – нежно сказала она.

Как часто мы говорим "Я тебя люблю" тем, кого мы любим? Три волшебных слова, от которых вырастают крылья за спиной, земля исчезает из-под ног и кружатся бабочки в животе – тебе я готов говорить их тысячи раз.

KURZGESCHICHTE DEUTSCH

Geheimnisvolle Unbekannte

Wie oft sagen wir "Ich liebe dich" zu denen, die wir lieben? Drei magische Worte, die uns Flügel verleihen. Die Erde liegt uns zu Füßen und Schmetterlinge drehen sich in unserem Bauch. Millionen von Menschen auf der Erde erklären einander täglich ihre Liebe. Diese drei Worte vereinen Menschen verschiedener Religionen und Völker.

Ich sitze allein in meinem kleinen Studentenzimmer. Ich habe Glück, denn ein Zimmer im großstädtischen Moskau zu finden, grenzt an ein Wunder. Es ist 21:48 Uhr. Gedanken schweben mir durch den Kopf. Schlechtes Wetter - Regen, Wind, Thermometer plus 11 Grad - der Herbst zeigt sich von seiner besten Seite. Ich denke über meine Pläne für morgen, den ersten Tag an der Moskauer Universität, nach.

Als ich 14 Jahre alt war, machte ich mit meinen Eltern einen dreiwöchigen Urlaub in Russland. Schon damals war ich von der russischen Sprache und der russischen Kultur fasziniert. An eine Situation erinnere ich mich besonders gut. Es war ein schöner sonniger Tag. Wir standen mitten im Zentrum der Hauptstadt auf dem Roten Platz. Von der Nordseite konnten wir das Historische Museum sehen, von der Südseite konnten wir die schönste

Kathedrale an der RVA sehen, sie heißt Basilius-Kathedrale. Der Kreml ist natürlich die Hauptattraktion Moskaus. Die Höhe der Kremlmauer beträgt 20 Meter. Über sie ragen 20 Türme hinaus. Ein architektonisches Wunder! Es war Liebe auf den ersten Blick. Schon damals wusste ich, dass ich auf jeden Fall wieder hierher kommen würde. Und so kam ich nach 8 Jahren zurück nach Moskau. Ermöglicht wurde dies durch ein Austauschprogramm an meiner Universität in Berlin. Als ich mich für das Austauschprogramm bewarb, hatte ich nicht einmal erwartet, angenommen zu werden. Aber meine Leidenschaft für dieses Land und mein Wunsch Russisch zu lernen, überzeugte die Jury. Und hier bin ich nun. Es hat alles geklappt! Sie gaben mir ein Visum, ich bekam ein Zimmer in einem Studentenwohnheim, und jetzt kann ich für ein Jahr an die Staatliche Universität Moskau gehen. Morgen ist mein erster Tag und ich bin sehr aufgeregt. Die Universität ist acht Haltestellen vom Studentenwohnheim entfernt. Morgen früh nehme ich die U-Bahn. Ich hoffe, dass ich mich nicht verlaufe und pünktlich ankomme.

Mein erster Tag

Sechs Uhr morgens, mein Wecker klingelt. Ich fühle mich nicht ausgeruht, aber es ist Zeit aufzustehen. Draußen ist es immer noch dunkel. Ich mache mir eine große Tasse Kaffee, den brauche ich jetzt wirklich. Ich habe nicht gut geschlafen und bin ein paar Mal aufgewacht - ich habe irgendwie Angst.

Wie wird der heutige Tag verlaufen? Ich habe alle Dokumente und den Laptop eingepackt. Es ist Zeit zu gehen.
Die ersten Strahlen der aufgehenden Sonne erhellen meinen Weg. Das Erwachen der Natur ist ein magisches Ereignis, das voller Geheimnisse und Rätsel steckt. Die Morgendämmerung ist der Beginn eines neuen Tages, manchmal sogar der Beginn eines neuen Lebens. Frische, kühle, morgendliche Luft empfinde ich als sehr angenehm. Die nächste U-Bahn-Station ist 10 Gehminuten entfernt. Moskauer Metro - ich glaube nicht, dass es auf der Welt eine schönere U-Bahn gibt. Überall in der Stadt gibt es schöne Bahnhöfe mit Kronleuchtern und Gemälden, die historische Helden darstellen. Ein eigenständiges Leben im Untergrund. Am 15. Mai 1935 wurde die U-Bahn in Moskau eröffnet. Mittlerweile ist es unvorstellbar, wie die Hauptstadt ohne sie funktionieren sollte. Die Moskauer Metro ist der Stolz der Hauptstadt. Jeden Tag nutzen Millionen von Menschen ihre Dienste. Jede U-Bahn-Station hat ihr eigenes besonderes architektonisches Aussehen, welches eng mit der Geschichte und Kultur des betreffenden Stadtteils verbunden ist.
Und hier bin ich, in der U-Bahn-Station. Menschenmassen bewegen sich in verschiedene Richtungen. So viele Dinge geschehen gleichzeitig - die Stadt lebt. Menschen gehen zur Arbeit, zur Schule, zur Universität. Jeder hat seinen Tag mit eigenen Plänen und Herausforderungen vor sich.
In der U-Bahn sieht man die verschiedensten Menschen. Russland ist ein multinationaler Staat, in

dem Vertreter von mehr als 160 verschiedenen Völkern leben. Russland ist das zweitwichtigste Einwanderungsland der Welt. Im Jahr 2019 gab es in Russland etwa 11,6 Millionen Einwanderer, das sind 8% der Bevölkerung. Die Einwanderer kommen hauptsächlich aus den ehemaligen Sowjetrepubliken Zentralasiens und des Kaukasus, aber auch zunehmend aus Afrika und Asien.
Meine U-Bahn rast durch die Tunnel der Großstadt. Die Stimme einer netten Frau verkündet: U-Bahn-Station Universität. Hier muss ich aussteigen.
So viele Studenten um mich herum, ich bin fassungslos. Als echter Berliner bin ich große Menschenmassen gewohnt, aber im Vergleich zu Moskau ist Berlin eine kleine Stadt. Alle Menschen haben es eilig, irgendwohin zu gehen. Sie haben es eilig zu arbeiten, sie haben es eilig zu leben und sie haben Angst sich zu verspäten. Ist Hektik der Sinn unseres Lebens?
Ich bewege mich mit der Menge und hoffe, dass die Richtung stimmt. Die russische Sprache ist von allen Seiten zu hören. Russisch ist eine schöne, aber sehr schwierige Sprache. Vor vielen Jahren habe ich alle 33 Buchstaben des russischen Alphabets gelernt. Ich konnte mir nicht vorstellen, dass ich diese komplexe Sprache jemals verstehen oder gar sprechen würde. Es ist immer schwieriger zu sprechen als zu verstehen - in allen Sprachen. Aber Übung macht den Meister. Je mehr ich spreche, desto besser funktioniert es. Ich hoffe, dass sich meine Sprachkenntnisse nach einem Jahr in Russland deutlich verbessern werden. Es gibt auch Dialekte

im Russischen. Die Unterschiede sind jedoch gering und alle Dialektsprecher können sich gegenseitig verstehen. Nicht wie in Deutschland. Für mich ist beispielsweise ein bayerischer Dialekt fast wie eine Fremdsprache.

Ich steige eine lange Treppe hinauf und spüre wieder die frische Morgenluft. Es ist schon hell draußen, ein wirklich schöner Herbsttag. Vor mir steht das Hauptgebäude der Staatlichen Universität Moskau. Seine Höhe beträgt 183,2 Meter. 32 Stockwerke gefüllt mit Wissen und Geschichte. Die Lomonossow-Universität wurde 1755 gegründet, was sie zur ältesten Universität Russlands macht. Heute ist es ein führendes Zentrum der russischen Bildung, Wissenschaft und Kultur. Gegenwärtig studieren mehr als 40000 junge Menschen an dieser Universität, darunter mehr als 2000 ausländische Studenten aus verschiedenen Ländern - ich bin einer von ihnen. Die Dame von der Universitätsverwaltung war sehr nett. Die Registrierung und das Ausfüllen aller notwendigen Dokumente verlief problemlos. Jetzt bin ich bereit für ein spannendes und lehrreiches Jahr an der Russischen Universität. Es ist nicht schwer den Hörsaal zu finden, in dem der erste Vortrag gehalten wird. Alle Hallen sind gut gekennzeichnet. Die erste Vorlesung "Geschichte der russischen Kunst" wartet auf mich. Ach ja, habe ich schon erwähnt, dass ich Kunst studiere? Das hat mir schon immer gefallen. Als ich mich damals entschied, an die Philosophische Fakultät zu gehen, waren meine Eltern jedoch nicht begeistert.

"Man kann sich und seine zukünftige Familie nicht mit Kunst ernähren", sagten sie.
Alle wollten es mir ausreden, aber ich bin dickköpfig. Jetzt, zwei Jahre später, kann ich mit Sicherheit sagen, dass es die richtige Entscheidung war. Kunst ist mein Leben und im Leben muss man tun, was man will. Das ist der einzige Weg um glücklich zu sein. Davon bin ich überzeugt.
Der Dozent, Herr Potapov, erzählt fast 90 Minuten lang enthusiastisch die Geschichte der russischen Kunst. Die Energie, die er ausstrahlt, versetzt das gesamte Publikum in eine andere Welt. Das Publikum ist klein, wir sind etwa 70 Personen.
Herr Potapov spricht mit Begeisterung über Karl Brjullow und sein weltberühmtes Werk "Der letzte Tag von Pompeji". Karl Brjullow ist einer der bedeutendsten russischen Porträtmaler in der russischen Kunstgeschichte. Er wurde in eine Familie mit französischen und deutschen Wurzeln geboren. Er reiste viel durch Europa, verbrachte aber die meiste Zeit seines Lebens im herrlichen Italien. Weltruhm erlangte er durch sein Werk "Der letzte Tag von Pompeji", ein 6,5 Meter langes Gemälde, in dem er das ganze Drama des Untergangs der Stadt darstellte. Das Gemälde wurde zum ersten Mal in Rom ausgestellt und erregte schon damals Aufsehen. Dann zog es in den Louvre in Paris, wo es 1834 sogar den ersten Preis des Pariser Salons erhielt. Später wurde es dem russischen Zaren Nikolaus I. überreicht und befindet sich heute im berühmten Russischen Museum in St. Petersburg.

Nach einer kurzen Pause setzt Herr Potapov seine Geschichte fort: „Ein weiterer der berühmtesten Künstler ist Wassili Kandinsky, der Erfinder der Abstraktion. Er hat immer abwechselnd in Russland, Deutschland und Frankreich gelebt. Seine größten Erfolge feierte er in München. Dort absolvierte er die Kunstakademie, wo er die prominentesten Expressionisten in der Künstlergruppe "Blauer Reiter" versammelte. Danach organisierte er seine erste Ausstellung und begann, an der Kunstschule zu unterrichten. Später ging Wassili Kandinsky an das "Berliner Bauhaus-Archiv", ein Designmuseum. Die weltbeste Sammlung seiner pädagogischen Werke ist noch immer im Münchner Museum ausgestellt."

Als ich "Berliner Bauhaus-Archiv" hörte, erinnerte ich mich an meine Heimat. Ich habe die wunderbaren Werke Wassily Kandinskys schon mehrmals in Berlin gesehen.

Ich liebe die Werke von Wassily Kandinsky und ich liebe Berlin. Jetzt, wo ich mich an meine Heimat erinnere, habe ich etwas Heimweh. Ich vermisse Berlin, ich vermisse meine Familie, ich vermisse meine Freunde. Was erwartet mich wohl in diesem schönen, aber auch fremden Land? Auch die folgenden Vorträge "Interior Design" und "Art Design" waren sehr interessant. Ich verstehe nicht alles was die Dozenten sagen, aber das meiste davon. Sie wissen, dass einige Studenten aus dem Ausland kommen und keine guten Russischkenntnisse haben. Deshalb versuchen sie, nicht zu schnell und sehr klar zu sprechen. In den Pausen gelingt es mir sogar, einige erste Bekanntschaften zu machen. Heute traf ich vier weitere internationale Studenten. Ein junges Mädchen aus Schweden und drei Jungen aus Finnland, Italien und dem weit entfernten Marokko. Ich finde es großartig, dass die Gruppe international ist. Wir können auf internationaler Ebene über Kunst sprechen und Erfahrungen austauschen. Auf diese Weise entdecken wir neue Perspektiven und lernen unglaublich viel.

Herbst-Landschaft

Der erste Tag verging unbeschreiblich schnell. Voller Eindrücke ging ich nach Hause. Es war ein sonniger Tag. Das Wetter war das genaue Gegenteil von gestern Abend.

Es ist selten, dass die Natur so schön ist wie dieser goldene Herbst. Die Blätter grüner Bäume werden in verschiedenen Goldtönen, leuchtendem Rot und Orange neu bemalt. Die Pracht der Herbstblätter hat mich als Kind fasziniert. Der Herbst ist eine sehr schöne Jahreszeit. Wenn ich die Straße entlang gehe, fühle ich mich wie der Held eines schönen Märchens. Das Rascheln der Blätter unter meinen Füßen erzeugt ein Gefühl der Magie und eine geheimnisvolle Atmosphäre. Es ist, als seien sie lebendig. Die Natur hat die Blätter der Bäume in verschiedenen Farben gemalt. Alle Bäume wirken festlich und wunderschön gekleidet. Die leuchtenden und charmanten Herbstfarben lassen mich alles vergessen.

Eine sanfte Brise lässt die Blätter auf den Boden fallen und bedeckt diesen mit einem bunten

Teppich. Die Sonnenstrahlen geben uns eine großartige Stimmung und ein Gefühl von Frieden und Leichtigkeit. Sie laden uns mit Energie und Lebendigkeit auf. Es gibt nicht eine einzige Wolke an diesem blauen Himmel. Es ist wirklich eine sehr schöne Zeit, vielleicht die schönste des Jahres. Viele Künstler malen besonders gerne Herbstlandschaften. Dieses Thema bietet ihnen die reichste Auswahl an Farben. So inspirierte auch mich ein schöner Spaziergang dazu, eine herbstliche Moskauer Landschaft zu zeichnen. Ich bin auf dem Weg zum Gorki Park. Der Gorki Park ist der meistbesuchte Park in Moskau. Etwa 40-tausend Menschen verbringen hier werktags ihre Zeit, mehr als 250-tausend an Wochenenden und Feiertagen. Der Park ist ein großartiger Ort für Sport, Erholung und Kreativität. Der 1928 gegründete Gorki Park liegt im Stadtzentrum in der Nähe des Moskwa-Ufers und bietet auf einer Fläche von über 119 Hektar wunderschöne Landschaften zum Zeichnen. Ich habe eine Menge Hobbys. Ich gehe gerne ins Kino, ich lese und fotografiere gerne. Vor allem aber zeichne ich gerne. Ich habe mit der Malerei begonnen, als ich noch sehr jung war. Ich hatte viele Filzstifte in den verschiedensten Farben und eine Menge Farbstifte. Ich mochte es, etwas Schönes auf weißem Papier darzustellen - Natur, Tiere und Menschen. Deswegen besuchte ich in der Schule auch einen Kunstkurs.

Ich erinnere mich noch sehr gut an meinen Kunstlehrer. Einmal versuchten wir das Gemälde "Morgen im Kiefernwald" des berühmtesten russischen Künstlers Iwan Iwanowitsch Schischkin nachzustellen. Es war nicht einfach, aber nach vielen Stunden Arbeit sah es recht gut aus. Ich habe dieses Bild noch immer in meinem Zimmer im Haus meiner Eltern hängen.

Als ich mit meinen Eltern in Russland war, war ich sehr überrascht, einen Teil dieses Gemäldes zusammen mit drei Bären auf der Verpackung des berühmtesten russischen Bonbons zu sehen. Und jetzt, da ich an die Bonbons dachte, fiel mir ein, dass ich meinen Eltern diese Süßigkeit aus Russland mitbringen wollte. Der Lärm der Autos riss mich aus meinen Gedanken. Als ich die Straße überquerte, schaffte ich es schließlich zum Gorki Park. Auf einem Hügel sitzend, nahm ich ein Notizbuch zum Zeichnen und einige Buntstifte aus meinem Rucksack.

Der Himmel ist blau und die Sonne hell. In der Ferne ist eine Bank zu sehen, auf der ein junges Mädchen mit langen, dunkelkastanienbraunen Haaren und einem roten Mantel sitzt. Ihr Gesicht kann ich jedoch nicht sehen. Mein Bleistift zeichnet ihre Silhouette. Mit zugekniffenen Augen versuche ich die Züge ihres Gesichts zu erkennen - leider ohne Erfolg. Sie sitzt zu weit weg. Sie hält ein Buch in ihren Händen. Ich frage mich, was sie gerade liest. Einen spannenden Thriller, ein Science Fiction Buch oder vielleicht eine Geschichte über ewige Liebe?

Die Zeit ist unbemerkt verstrichen. Eine Stunde später war ich mit meiner Zeichnung fertig. Sie sieht sehr gut aus. Ich packe meine Sachen und eile in mein kleines, aber gemütliches Studentenzimmer.

Ich hänge die Zeichnung an eine weiße Wand in meinem Zimmer. Die Atmosphäre ist für meinen Geschmack sofort gemütlicher.

Am Abend liege ich in meinem Bett und denke über den vergangenen Tag nach. Der Tag war voller neuer Erfahrungen. Ich bin müde, meine Augenlider beginnen schwer zu werden. Kurz bevor ich in einen tiefen Schlaf falle, sehe ich mir noch einmal die Zeichnung an: "Wer bist du, geheimnisvolle Unbekannte?

Unser Treffen

Ehe ich mich versah, war ein Monat vergangen. Die Tage vergingen unbemerkt, aber nicht spurlos. Ich habe viele neue Freunde gefunden, meine Sprachkenntnisse verbessert und mich allmählich an das Leben in Moskau gewöhnt. Das Studentenleben in Russland unterscheidet sich nicht wesentlich von dem in Deutschland. Vor dem Mittagessen finden in der Regel Vorlesungen oder praktische Übungen statt. Am Nachmittag treffen sich die Studentinnen und Studenten, um den gelernten Stoff zu wiederholen. Abends und an den Wochenenden gibt es sehr viele Partys - das ist ein wichtiger Teil des Studentenlebens.

Das helle Nachtleben in Moskau mit seinen unzähligen Clubs, Bars und Diskotheken ist für alle Partyliebhaber ein Paradies. Moskau ist für sein lebhaftes Nachtleben bekannt. Mit Einbruch der Dunkelheit beginnen sich die Straßen und Plätze im Stadtzentrum zu füllen und jeder versucht, seinen Platz in den berühmtesten Clubs und Restaurants einzunehmen. Nicht zu vergessen ist aber auch die große Zahl von Theaterveranstaltungen und Kinos, welche regelmäßig die Herzen von Kulturinteressierten höher schlagen lassen. Besonders erwähnenswert sind das Bolschoi-Ballett- und Operntheater sowie der Moskauer Zirkus. Sie gelten als die besten der Welt. Moskau ist facettenreich und vielfältig, mir gefällt die Dynamik dieser Stadt. Stil, Architektur, Essen, meine neuen Freunde und unser kleiner Kreis von Künstlern. Ich liebe die Tretjakow-Galerie und das Garagenmuseum für moderne Kunst. Es gibt viele Möglichkeiten in Moskau und sehr viele inspirierende Menschen. Bekanntlich ist das Studentenleben die schönste Zeit und ich genieße sie.

Ich gehe in der Universität einen langen Korridor entlang, als mir ein junges Mädchen entgegen läuft. Normalerweise hätte ich sie gar nicht bemerkt, aber der rote Umhang weckt Erinnerungen in mir. Ich drehe mich schnell um und sehe ihr dunkelkastanienbraunes Haar, welches ich vor etwa einem Monat im Gorki Park mit einem braunen Stift gemalt hatte. Das ist sie - die geheimnisvolle Unbekannte. Ich versuche ihr Gesicht zu erkennen, aber es ist zu spät, sie war bereits an mir vorbeigegangen.

"Entschuldigung, kannst du mir sagen, wie spät es ist?" In diesem Moment ist mir leider nichts Besseres eingefallen. Sie dreht sich um. Ihre blauen Augen leuchten und verblüffen mich mit ihrer Schönheit. Sie lächelt mich an und sagt: "Junger Mann, du hast eine Uhr an deinem Handgelenk." Ich

kann regelrecht spüren, wie mein Gesicht rot anläuft.
"Meine Uhr ist kaputt", antworte ich mit leiser Stimme. Sie lächelt mich noch mehr an. "Es ist 12:15 Uhr." Sie dreht sich um und will weitergehen.
"Darf ich fragen, wie dein Name ist?" – Sage ich etwas lauter.
"Mein Name ist Anna", antwortet sie etwas verlegen. "Bitte entschuldige mich, ich muss mich beeilen, sonst komme ich zu spät zu meinem Vortrag." Mit einem schönen Gang läuft sie weiter, ich bleibe wie angewurzelt stehen.
Ich glaube, wenn man seinen Seelenverwandten trifft, spürt man das ganz klar im Herzen. In diesem Moment wusste ich, dass sie mein Schicksal war.
Es gibt etwa acht Milliarden Menschen auf der Welt. Es ist schwer vorstellbar, dass man seinen Seelenverwandten überhaupt finden kann. Aber mein Herz sagt mir, dass sie es ist. Ich habe das Gefühl, diese Person schon mein ganzes Leben lang zu kennen.
Von diesem Moment an dachte ich nur noch an sie. Wie könnte ich sie wiederfinden? Ich weiß nur, dass ihr Name Anna ist. Ich kenne weder ihren Nachnamen noch die Abteilung, in der sie studiert. Ihre Telefonnummer habe ich erst recht nicht.
Denk nach, denk nach, denk nach. Sie sagte, sie habe es eilig, zu ihrem Vortrag zu kommen. Es ist Donnerstag, und als ich sie fragte, wie spät es sei, antwortete sie 12:15 Uhr. Das bedeutet, dass sie am Donnerstag nächster Woche in den gleichen Flur

gehen muss wie heute! Mein Kopf arbeitet wie ein Computer.

Die Woche verging wie im Flug. Es ist Donnerstag und ich bin voller Vorfreude im gleichen Gang wie letzte Woche. Meine Uhr zeigt 11:53 Uhr. Viele Studenten gehen den Flur entlang. Unter ihnen suche ich nach diesen einzigartigen blauen Augen. Jedoch ohne Erfolg. Eine Stunde später habe ich sie immer noch nicht entdeckt. Habe ich sie übersehen? Das kann doch nicht wahr sein! Wäre sie an mir vorbei gelaufen, hätte ich sie sicherlich erkannt - auch ohne den roten Mantel.

Aber ich wollte nicht aufgeben! So stand ich Woche für Woche in diesem Flur und hoffte, sie zu treffen. Auch meine Freunde und Bekannten fragte ich, ob sie eine Anna mit blauen Augen kennen würden. Leider konnte mir niemand weiterhelfen. Die Zeit verging. Ich sah meine geheimnisvolle Unbekannte nie wieder.

Prüfungszeit im Wintersemester

Nun steht die Prüfungszeit vor der Tür - meine ersten Prüfungen in Russland. Für die meisten meiner Mitschüler ist das eine vertraute Sache. Für mich sind die ersten Prüfungen an einer russischen Universität jedoch sehr besonders und etwas völlig Neues.

Eine Prüfung ist ein aufregendes Ereignis im Leben eines Studenten. Ich denke, dass die erste Prüfung die schwierigste sein wird. Danach werde ich ungefähr wissen, was mich erwartet. Während dieser Zeit dreht sich fast das gesamte Leben der

Studenten um die Prüfungsvorbereitung. Alles andere tritt in den Hintergrund. Die Studenten lernen täglich von Morgens bis spät Abends in der Bibliothek.

Vor den Prüfungen müssen die Studenten bestimmte Aufgaben absolvieren. Die Ergebnisse sind eine vorläufige Beurteilung und essenziell für die Zulassung zur Prüfung. Diese Aufgaben können in Form von schriftlichen, mündlichen oder praktischen Arbeiten erteilt werden. Ich bin sehr froh, dass ich alles bestanden habe, und jetzt die Prüfungen ablegen darf. Im Moment bereite ich mich auf "Geschichte der russischen Kunst" vor - dies ist meine erste Prüfung. Mein Freund Sergey hilft mir, wir lernen gemeinsam für die Prüfung. Wir versuchen uns die Themen aufzuteilen. Wir bereiten Antworten auf mögliche Fragen vor und tauschen dann unsere Notizen aus. Ich glaube, alleine wäre es unmöglich, so viel Stoff in dieser kurzen Zeit zu bewältigen.

Eine Prüfung ist eine abschließende Überprüfung der Kenntnisse eines Studenten in einem bestimmten Thema. Die Studenten erhalten drei Wochen vorher eine Liste mit Fragen. Die Anzahl der Fragen beträgt ungefähr 100, diese werden dann in Prüfungsfragebögen aufgeteilt. Jeder Fragebogen enthält drei Fragen. Die Dozenten bieten vor den Prüfungen eine Hilfestellung an, bei der die Studenten Fragen zum behandelten Stoff stellen können. Das ist ratsam, denn dieser Dozent wird auch die Antworten in den Prüfungen bewerten.

Ich habe fünf Prüfungen in dieser Zeit. Drei davon werden in Form einer mündlichen Prüfung durchgeführt. Die beiden anderen Prüfungen sind praktisch: Zeichnen oder Modellieren an einem realen Modell.

Die Prüfungsergebnisse werden nach einem Fünf-Punkte-System bewertet. Die Note wird unmittelbar nach der Prüfung bekanntgegeben. Das Einstufungssystem in Russland unterscheidet sich von dem in Deutschland. Die beste Note ist die "5", die schlechteste Note ist eine "1". Mit anderen Worten, es ist das genaue Gegenteil. Ich habe mich sehr bemüht, viel gelernt und einige schlaflose Nächte hinter Büchern verbracht. Zum Glück wurden meine Bemühungen belohnt, ich habe alle Prüfungen erfolgreich bestanden!

Winter-Abende

Es ist Winter. Schneeflocken tanzen auf den weißen Straßen Moskaus. Früher war ich davon überzeugt, dass Russland ein Land ist, in dem es immer kalt ist. Aber das ist es nicht. Die Temperaturen in Russland unterscheiden sich von Sommer zu Winter extrem. Das macht es zu einem sehr einzigartigen Land. In Moskau zum Beispiel können Temperaturen von -25°C im Winter auf über 30°C im Sommer ansteigen. Aktuell ist es Februar. Heute haben wir etwa -8°C. Die Durchschnittstemperatur in Moskau liegt im Sommer bei 19°C und im Winter bei -6°C. Das Pro-blem ist nicht das Wetter, sondern die falsche Kleidung. Bestenfalls braucht man eine

warme Mütze, einen schönen Mantel, einen Schal, Handschuhe und Schneestiefel.
Ich mag den Winter. Schnee, der unter meinen Füßen knirscht, alles um mich herum weiß und hell. Auch die eigentlich nackten Bäume sind mit einer Schneedecke eingekleidet. Es ist schön zu beobachten, wie Kinder Schlitten fahren und sich im Schnee vergnügen. Die Flüsse und Seen sind mit Eis bedeckt. Die Winterlandschaft ist immer schön. Es gibt weniger Menschen auf den Straßen und kein großes Touristenaufgebot wie im Sommer. An Winterabenden sitze ich gerne am Fenster und schaue den Schneeflocken beim Fallen zu. Es ist außergewöhnlich schön!
Das Jahr meines Austauschs geht weiter. Fast ein halbes Jahr ist vergangen. Ich habe mich bereits vollkommen an das russische Studentenleben gewöhnt. In den Weihnachtsferien besuchte ich meine Familie in Berlin. Ich habe mich sehr gefreut, sie wiederzusehen. Wir feierten Weihnachten zusammen, wie gewohnt, mit leckerem Essen und tollen Geschenken.
In Russland ist Silvester am 31. Dezember. Alle Familien feiern und schlemmen unter einem geschmückten Weihnachtsbaum. Traditionell bereiten sie köstliche, mit Hackfleisch gefüllte Knödel zu. Kinder warten auf Mitternacht und die Erlaubnis, ihre Geschenke öffnen zu dürfen. Alle feiern zusammen, singen, tanzen und haben Spaß.
Der Heiligabend wird in Russland von gläubigen Christen am 6. Januar gefeiert. In Deutschland nennen wir diesen Tag "Heilige Drei Könige". In

Russland gehen viele Menschen am 6. Januar zur Messe in die Kirche. Der 7. Januar ist der erste Weihnachtstag. Dieser Tag markiert auch das Ende des Fastens. Da sich die meisten Russen gegenseitig Neujahrsgeschenke machen, gibt es in Russland normalerweise keine Weihnachtsgeschenke. Am Weihnachtstag, dem 7. Januar, gehen die Menschen wieder in die Kirche zu einer Frühmesse und feiern den Tag dann mit ihren Liebsten.

Ich habe lange darüber nachgedacht, ob ich Weihnachten und Neujahr in Moskau feiern soll. Aber ich beschloss zu meiner Familie zu fliegen. Es tat mir wirklich gut in mein Heimatland zurückzukehren und meine Lieben wiederzusehen. Ich hatte sie sehr vermisst.

Mit meiner Familie konnte ich mich ausruhen und wieder zu Kräften kommen. Es hat mir viel Stärke für die weiteren Prüfungen gegeben. Mir geht es gut und ich bin froh dieses Abenteuer eingegenagen zu sein. Meine geheimnisvolle Unbekannte geht mir jedoch noch immer nicht aus dem Kopf.

Lang erwartetes Wiedersehen

Manchmal gibt es einfach schlechte Tage. Alles geht schief und nichts klappt wie man es will. Heute ist solch ein Tag. Mein Wecker hat nicht geklingelt oder ich habe ihn einfach ignoriert, ich weiß es nicht. So oder so, ich habe verschlafen. Ich wachte eine Stunde später als gewöhnlich auf, und es war keine Zeit zum Frühstücken. Ich verlasse jedoch nie das Haus, ohne einen Kaffee getrunken zu haben. So viel Zeit muss sein! Nun, wenn der Tag schlecht

beginnt, geht es oft ähnlich weiter. Und so ist es auch! In Eile verschütte ich Kaffee auf meinen Laptop. Oh, nein! Ich wische schnell mit einem Lappen drüber, schnappe mir meine Jacke und renne zur Haltestelle.
Mein Bus ist direkt vor meiner Nase abgefahren. Heute ist echt nicht mein Tag!
An der Universität angekommen, bemerke ich, dass ich auch noch meinen Rucksack mit all den Büchern zu Hause vergessen habe. Wenigstens habe ich meine Brieftasche dabei, sie ist in meiner Jackentasche. Nach den Vorlesungen gehe ich nach Hause. Es ist einer dieser schrecklichen, stressigen Tage. Ich brauche jetzt erstmal eine Pause, vielleicht fängt sich dann der Tag wieder. Ich habe draußen ein kleines Café gesehen. Als ich auf das Café zugehe, macht mir der Geruch von Kaffee Lust auf eine Tasse köstlichen Cappuccino. Das heute Morgen mit dem Kaffee hat ja nicht geklappt. Hoffentlich funktioniert mein Laptop noch.
Es sind nicht allzu viele Leute im Café. Ich setze mich an einen kleinen Tisch, winke dem Kellner zu und gebe meine Bestellung auf. So sitze ich hier also mit einer Tasse Cappuccino in der Hand und genieße, heute das erste Mal, einen Moment der Ruhe. Ein klingelndes Telefon reißt mich aus meiner Tagträumerei. Ich schaue, woher der Ton kommt.
In der Ecke sitzt ein junges Mädchen am Tisch. Ihr langes dunkelkastanienbraunes Haar leuchtet im Sonnenlicht, welches durch ein großes Fenster in das kleine gemütliche Café eindringt. Ich kann ihr Gesicht nicht sehen, sie sitzt mit dem Rücken zu

mir. Das Mädchen durchwühlt ihre Handtasche auf der Suche nach ihrem Handy. Als sie es gefunden hat drückt sie es schnell an ihr Ohr: "Hallo, hier ist Anna."
Anna? Dunkelbraunes Haar? - Das muss sie sein! Aber ich bin verunsichert. An diesem Tag würde ich bestimmt kein Glück mehr haben. Was soll ich tun? Auf sie zugehen? Mit ihr sprechen? Was, wenn sie es doch nicht ist? Mit wem telefoniert sie wohl? Vielleicht mit ihrem Freund? Was, wenn sie bereits in einer Beziehung ist? Es gehen mir tausend Gedanken durch den Kopf. Ich sehe sie an, mein Herz beruhigt sich langsam wieder. Ihre Stimme, ihre Gesten, es ist alles so schön. Ich muss ihr Gesicht sehen.
Eine Frage stelle ich mir jedoch: Warum trinkt ein so schönes Mädchen alleine Kaffee? Aber heute bin ich ja auch ganz allein im Café. Vielleicht ist es unser Schicksal? Ich bin allein, und sie ist allein. Vielleicht wartet sie auf jemanden, vielleicht auf mich? Als ich sehe, dass sie gerade gehen will, nehme ich all meinen Mut zusammen, gehe zu ihr und sage: "Hallo, Anna!"
Sie dreht sich um und sieht mich überrascht mit ihren tiefblauen Augen an.
"Hallo, kennen wir uns?"
Wir schweigen uns kurz an. Doch dann erkennt sie mich zum Glück.
"Ich nehme an, du willst wieder die Uhrzeit wissen?" Sagt sie mit einem breiten grinsen.
"Nein, ich habe jetzt eine funktionierende Uhr an meinem Handgelenk. Mein Name ist Max." Nach

diesem Satz setzen wir uns zusammen an meinen kleinen Tisch.
Wir saßen über zwei Stunden in diesem Café und verstanden uns fantastisch. Seelenverwandte, die sich gegenseitig wie ein offenes Buch lesen können. Wir tauschten unsere Telefonnummern aus, dann begleitete ich sie noch zur nächsten U-Bahn-Station. Der Tag begann so schlecht und jetzt bin ich der glücklichste Mann der Welt. Zurück in meinem Zimmer, sehe ich mir das Bild der Herbstlandschaft an, auf dem ein Mädchen in einem roten Umhang auf einer Bank sitzt. Ich weiß, es war Schicksal, dass wir uns wieder begegnet sind.

Unser Tag

Heute ist Samstag. Mein erster Gedanke an diesem sonnigen Morgen gilt Anna. Habe ich von all dem geträumt? Ich durchsuche schnell meine Jackentasche. Der gefundene Zettel mit ihrer Telefonnummer hat mich unglaublich glücklich gemacht. Soll ich sie jetzt gleich anrufen oder soll ich noch etwas warten? Nein! Ich kann nicht länger warten. Ich möchte sie wiedersehen. Ich nehme mein Handy in die Hand und wähle ihre Nummer.
"Hallo, Anna? Ich bin's, Max. Wie geht es dir?"
"Hey, Max, mir geht's gut. Wie geht es dir?"
Ich konnte an ihrer Stimme erkennen, dass sie sich über den Anruf freute.
"Ich bin wirklich froh, deine Stimme wieder zu hören. Irgendwie vermisse ich dich jetzt schon."
"Wirklich? Ich dich auch.", sagte sie mit leiser Stimme.

Diese Worte waren wie Balsam für meine Seele. Mein Herz hüpfte vor Glück. Wir telefonierten wirklich lange und beschlossen, uns gleich heute Nachmittag zu treffen. Ich wollte Anna eine Freude machen und eilte in den Blumenladen. Viele junge Männer schenken ihren Lieben Gänseblümchen, Rosen, Chrysanthemen oder Lilien. Ich frage mich, welche Blumen Anna am meisten mag? Wahrscheinlich mögen die meisten Mädchen Rosen. Ich beschloss, ihr Rosen zu schenken. Aber welche Farbe? Erwachsene Frauen bekommen in der Regel Blumen in dunklen Tönen, rot oder burgunderrot. Junge Mädchen eher helle Blumen, wie weiß oder rosa.
Ich kaufe also einen großen Frühlingsstrauß weißer Rosen, lege meine Herbstlandschaftszeichnung vom Gorki Park dazu und schreibe einen kleinen Zettel:
"Dies ist unser erstes Treffen.
Wenn ich dich sehe, ist es wie Magie.
Mein Herz rast und ich vergesse alles.
Lass uns für einander da sein."
Nachdem ich alle meine Sachen gepackt hatte, ging ich nach draußen. Dieser Tag wird den Rest meines Lebens verändern - ich weiß es. Seit wir uns das erste Mal in der wunderschönen Herbstlandschaft des Gorki Parks trafen, habe ich nur an sie gedacht. Und ich kann es immer noch nicht glauben, aber wir sind gleich verabredet.
Es war ein schöner Frühlingstag. Ich liebe es, diese warme Brise zu spüren und die ersten Frühlingsvögel zu sehen. Die Bäume sind wieder mit einem zarten Grün bedeckt. Nicht eine einzige

Wolke am klaren blauen Himmel. Morgens ist es noch etwas frostig, aber tagsüber ist es schön warm. Wenn der Frühling kommt, wird unsere Welt bunt und hell. Der Frühling gibt mir ein Gefühl von Lebendigkeit. Angenehme Wärme und Aufregung schwappen über meinen Körper.

Mit meinem Blumenstrauß und der Zeichnung gehe ich in den Gorki Park. Sie weiß es nicht, aber wir kennen uns jetzt seit sechs Monaten. Unser erstes Treffen fand bereits im Herbst statt. Und heute, an einem schönen Frühlingstag, sehen wir uns endlich wieder.

Wir sind um 15:00 Uhr verabredet. Der Treffpunkt ist ein Denkmal des russischen Schriftstellers Maxim Gorki. Der Gorki Park ist ein erstaunlicher Ort mit Charme und reicher Geschichte. Es gibt nicht nur besondere Luft und eine einzigartige Atmosphäre. Jedes Mal wenn ich dort bin, habe ich eine magische Stimmung in meinem Bauch.

Und hier kommt sie - in einem schönen blauen Kleid. Ihre dunklen kastanienbraunen Locken leuchten in der Frühlingssonne. Ihr Lächeln ist umwerfend - an diesen Moment werde ich mich für immer erinnern. Ich hielt den Atem an und traute meinen Augen nicht - sie ist so schön. Ihre blauen Augen, das Haar, ihr Lächeln - ich habe mich verliebt!

Wenn ich damals keinen Kaffee gebraucht hätte, wären wir uns nie begegnet. Denn Anna in einer Stadt mit fast 13 Millionen Einwohnern zu treffen, grenzt an ein Wunder. Und hier steht sie vor mir. Als wir einander in die Augen sahen, wurde uns klar,

dass wir füreinander bestimmt sind. Wir wechselten nur wenige Worte und kommunizierten eher mit unseren Augen. Drei Minuten später küsste ich sie.
Der Frühling ist die Zeit der Liebe, der Inspiration und der Veränderung. Und ich weiß, dass sich mein Leben jetzt zum Besseren wendet, weil ich das Mädchen meiner Träume gefunden habe. Sie fiel in meine Arme. Von diesem Moment an war ich mir sicher, dass ich sie nie mehr gehen lassen werde.
Ich gab ihr den Blumenstrauß mit meiner Zeichnung. Wir machten einen langen Spaziergang, ich erzählte ihr meine Geschichte über die Herbstzeichnung und wie ich sechs Monate lang nach ihr gesucht hatte. Sie reagierte positiv überrascht und hatte Tränen in den Augen. Die Sonnenstrahlen spielten auf unserer Haut, und die Vögel sangen freudig ihr Frühlingslied.
Was bedeutet es, ein glücklicher Mensch zu sein? Was ist Glück? Früher oder später denkt jeder Mensch über diese Fragen nach. Ich kann jetzt stolz behaupten, dass ich glücklich bin. Ich habe die Liebe meines Lebens gefunden.
"Ich werde dich niemals gehen lassen", sagte sie sanft. Wie oft sagen wir "Ich liebe dich" zu denen, die wir lieben? Drei magische Worte, die uns Flügel verleihen. Die Erde liegt uns zu Füßen und Schmetterlinge drehen sich in unserem Bauch. - Ich bin bereit, sie tausend Mal zu sagen.

IMPRESSUM

Sie haben Fragen oder Kritik zu diesem Buch?
Dann schreiben Sie uns einfach eine Mail an:
d-stopfer@web.de

Kontakt: Daniel Stopfer
Eudorfer Weg 8a
36304 Alsfeld

Covergestaltung: Wolkenart – Marie-Katharina Wölk
Layout und Satz: Anton Smirnow

HAFTUNGSAUSSCHLUSS

Dieses Buch enthält Meinungen und Ideen des Autors und hat die Absicht, Menschen hilfreiches und informatives Wissen zu vermitteln. Die enthaltenen Strategien passen möglicherweise nicht zu jedem Leser, und es gibt keine Garantie dafür, dass sie auch wirklich bei jedem funktionieren. Die Benutzung dieses Buchs und die Umsetzung der darin enthaltenen Informationen erfolgt ausdrücklich auf eigenes Risiko. Haftungsansprüche gegen den Autor für Schäden materieller oder ideeller Art, die durch die Nutzung oder Nichtnutzung der Informationen bzw. durch die Nutzung fehlerhafter und/oder unvollstän-diger Informationen verursacht wurden, sind ausdrücklich ausgeschlossen. Das Werk, inklusive aller Inhalte, gewährt keine Garantie oder Gewähr für Aktualität, Korrektheit, Vollständigkeit und Qualität der bereitgestellten Informationen. Druckfehler und Fehlinformationen können nicht vollständig ausgeschlossen werden.